一生一定要去的
峇里島
天下諸神度假勝地
換個角度玩峇里島
文／攝影 陳銘磻
原書名:慢活漫遊峇里島

序說

青春峇里島

薄暮下的峇里島，呈現出深邃的金光色澤，一大片藻藍色的天空，像經過椰樹大力刷抹後的模樣，濃淡之間彰顯著並不勻淨的色澤，僅留陽光落海前，幾絲慵懶的金黃餘暉，寂然不動的在天際間兀自輝映濃烈的光芒。

峇里島沉默不語，像是屬於生來即是與吵雜繁華無緣的那一類島嶼，具有我所不明白的寧謐感覺，這種極度寧靜的單純世界和我過去旅行過的其他國度大不相同，若說有任何使人驚奇的感動，那也是我甘於在那種不明白、不熟識的寧謐感覺裡，以一個旅人的悠閒之姿，興起一股使人感到無為的優雅憧憬。

這正是許多人的旅遊夢境，來到峇里島，我把世俗的一切擱在一邊，按照可變的行程活動；峇里島晝長夜短，每一天清晨，窗外的野鳥以定時的鳴啼聲喚醒睡夢中的我，我在清朗的空氣中呼吸著許久未知其息的沁涼滋味，然後開始一整天的島上漫遊。

耀眼的陽光，總會不經意的照映在我臉上，以及我行經過的每一條路徑，泛舟、到海神廟親近印度洋、乘快艇到外海、海灘上與陽光共舞，在城市成長的人，面對粗野的鄉間風光，不免感到四處曠野景色，易於使人從心底湧起和諧之感，毫無疑問的，我在峇里島所見到的清明山水，在熱帶雨林所感受到的異國風情，都令人難以忘懷。

峇里島旅遊的情景猶歷歷在目，神鷹廣場壯闊的畫景，蘭夢島燦爛的陽光、村落裡一朵朵盛開的太陽花、烏布市場招客叫賣的小販聲、VILLA泳池畔長得亭亭玉立的雞蛋花樹、每天清晨依時到住宿門口等候接送客人上車，長相俊美的年輕導遊，都一無阻隔的映現在我離去峇里島之後的腦海裡。

這一季初秋，我在峇里島度過近一星期的夏日風光，我在海灘上聽年輕的導遊彭克洛談他最愛的海域衝浪，他的青春像是站在使人暈眩的浪頭尖端，搖搖欲墜，卻充滿十足的刺激況味，我無法想像那種站在海浪尖端的青春滋味，我的青春早已沉埋在幾千公尺深的海底。

峇里島的夏日，宛如在海邊貼上一層緊密、堅實的金箔，那使人無處可躲的亮麗，好比永恆不滅的青春之神，真實的照映在記憶之中，神色自若的和海天一色撞擊出絕美的影像，留予心中，久久無法褪去。

峇里島的風光景致，好比一篇悠閒雅致的小品文，描繪和敘述無數燦然和使人眩目的青春情事！每當憶起這抹變化無窮的畫面，眼下即刻出現飛翔在蘭夢島半空，那許多隻輕盈的白色海鳥，露出無比恬淡的微笑，對我發出淺淺的召喚。

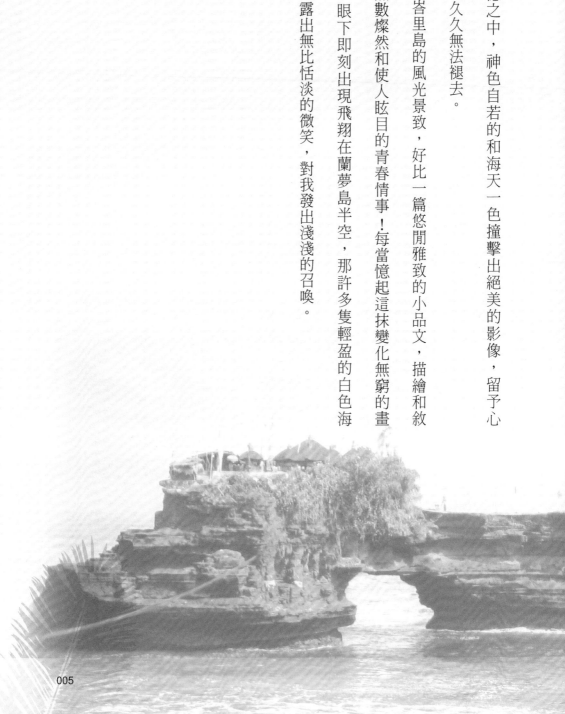

BALI

初到峇里島

迎面飄來雞蛋花香

走出峇里島伍拉・賴國際機場大門，對街停車廣場，迎面而來的峇里島女郎，以羞澀而甜美的笑容，為每一位到訪的旅人套上一串雞蛋花串成的花環，出奇不意的動作，讓遊客在驚異中感受到一股親善暖流；這是峇里島和睦的待客之道，我在那一串以雞蛋花銜起的花環裡，嗅覺到一陣從未領受過的芬芳香氣。

這股香氣提振我在踏上峇里島的土地後，心中湧起

峇里島女郎以雞蛋花串成的花環迎賓

久久無法散去的清新暖意。

為甚麼是雞蛋花？為甚麼在我以旅人之姿踏進陌生的峇里島之後，雞蛋花即以不設防的優雅姿態展現在我身處的四周，機場如此，車行兩旁的街道如此，就連公廁裡面用來妝點空間的雕花水盆上，也漂浮著一朵朵潔白的雞蛋花。

雞蛋花原名叫「緬梔」，屬於夾竹桃科，落葉性喬木，為觀賞用花，是世界著名的芳香植物，主要產於墨西哥、巴拉馬和印尼。雞蛋花樹幹粗大，葉叢生於枝頂，全株有乳汁，花瓣白色具香味，瓣心如蛋黃的顏色，俗稱「雞蛋花」。

雞蛋花的峇里島語叫Japun（日普恩），一種遍佈在

漂流在水池上的雞蛋花

用雞蛋花串成的花環

峇里島神廟四周的花，也是熱帶國家常見的美麗植物。這種植物，不同地域有不一樣的稱呼，在台灣，有人叫它：番仔花、番花樹、雞蛋花、蛋黃花、鹿角樹、緬梔、貝多羅……等。雞蛋花的花瓣粉白簡明，討人歡喜，花香清新撲鼻，精華可用來做香水或香薰治療，給人鬆弛、舒緩及鎮靜的作用。

十七世紀時，奉命從中國福建來到台灣採煉硫磺的浙江杭州府仁和縣人郁永河，在他記錄台南到北投一路見聞的「裨海記遊」書中，即有一段關於雞蛋花的描述：「青蔥大葉似枇杷，臃腫枝頭著白花，看到花心黃欲滴，家家一樹倚籬笆。」被認為是台灣遊記文學作品開創者的郁永河，在這一本忠實記錄三百多年之前，台灣西部面貌與原住民生活景況的遊記裡，賦名〈竹枝詞〉的這段文字，即深刻敘述關於他所見到的雞蛋花，他寫道：「花葉似枇杷，花開五瓣，白色，木本，臃腫，枝必三叉，花心漸作深黃色，攀折累三日不殘。香如木梔子，病其過烈；風度花香，頗覺濃郁。」註解中稱這種植物為番花，也即今日庶民所稱的雞蛋花。

從這些帶有「番」字稱呼的花種得知，這種花卉並不是台灣原生種，只因早期原住民栽植於石屋旁，所以又叫「番仔樹」，是當時台灣極普遍的植物。雲林縣口湖鄉番花腳內莊更有一株高齡370歲的番仔樹，樹旁有一座供奉「荷蘭公」的小廟，由此可以推測這種植物是在荷據據台時期引進到台灣的。

雞蛋花在峇里島到處綻放，清新淡雅，飄散幽幽清香的氣味，使人感到心神安寧起來。

除了供做沐浴水療，西雙版納的傣族人拿雞蛋花洗淨後沾蛋汁油炸，當成招待賓客的菜

雲林縣口湖鄉番花腳內莊的荷蘭公廟與番仔樹

泳池邊的雞蛋花樹

餚；加勒比海的婦女則用雞蛋花做薰香頭髮或是衣物的材料。據稱，雞蛋花的白色乳汁還可以拿來做為風濕症的塗藥！

對峇里島人來說，雞蛋花的優雅形貌，可襯托天空的純淨之美。當它飄落在木地板時，可探知昨夜露水滴落多寡的狀態。峇里島人甚至拿它做祭神供品，當地人相信萬物皆有神，房有房神，車有車神，床有床神，樹有樹神、水有水神，因此，在峇里島的市街、地上、住家門口、神廟四周到處可見用雞蛋花當供品，焚香祭神。

從未曾見過像峇里島這種把花當成裝飾整座島嶼的自然飾物，儘管適巧初次相逢，眼見市街大小景物，無一不和雞蛋花有著密切關聯，這時我的心裡忽然產生一股異樣的騷動，好像來到這座以陽光和微風聞名於世的熱帶島嶼，整個人即刻被四溢飄散的雞蛋花，清清淡淡的花香味包圍，我的鼻子嗅覺出那一股使我的心不自覺騷動起來的芬芳氣味，竟比微風更能讓我強烈的感受到熱帶島嶼使人神情飄然的悸動。

被許多人當成度假勝地的峇里島，在我根本還來不及望穿陽光的威力前，即已身陷在雞蛋花寫意的舒適之中，猶如一個無辜的旅人，在未識峇里

祭司為遊客在耳翼別上雞蛋花祈福

雞蛋花造型的飾品

島這個神祕的國度之前，便毫無招架能力一般，讓遍地雞蛋花的香味深深束縛。

我信賴雞蛋花香所傳達，關於峇里島的旅遊訊息，就像渲染在青蔥樹上那簡明而純白的五片花瓣，在遼闊的天際裡，剪貼成一幅生動的畫面，猶似得到上蒼的恩寵，才能散發出如此清新的味道，又彷彿透過群樹告訴我，這就是峇里島，一座被雞蛋花香凝聚起來的清明島嶼。

油畫雞蛋花

小品紀事

印度尼西亞共和國（Republik Indonesia），簡稱印度尼西亞或印尼，為東南亞國家之一，由一萬七千多個島嶼組成，是全世界最大的群島國家，疆域橫跨亞洲及大洋洲，別稱「千島之國」，峇里島屬其中較大島嶼，位於爪哇島以東，為印尼小巽他群島西端；東西橫向140公里，南北縱向80公里，總面積為5632平方公里，地屬熱帶氣候，全年平均溫度約為攝氏28度。「峇里島」為其舊名，峇字唸ㄎㄚ，今人大多稱為「巴里島」。自然條件優沃，盛產稻米、棉花、咖啡豆及菸草。舉凡音樂、舞蹈、戲劇、美術、工藝都很著名，是印尼的觀光勝地。

印尼和峇里島民係由爪哇人、巽他人、華人、馬達族等300多種族組成。國花為婆羅洲素馨，又稱毛茉莉，別稱毛素馨、多花素馨。毛茉莉是純潔、熱情的象徵，也是代表愛情之花，友誼之花。

到印尼或峇里島旅行，卻處處見著盛開芳香的雞蛋花。

雞蛋花別名緬梔子，為夾竹桃科雞蛋花屬植物雞蛋花，高3～7公尺，小枝肥厚，光滑無毛，折斷時有白色乳汁流出；葉互生，集於枝頂，葉片倒卵披針形呈矩圓形，長20～40公分，寬達7公分，前端短尖或漸尖，基部漸窄成柄；夏秋間於枝頂抽出聚傘花序，花香，大而美；原產熱帶美洲多雨地區，適宜溫暖氣候，不耐寒，喜光，能耐蔭。

峇里島新地標
走進劈山鑿壁的神鷹廣場

嘴裡才嘟囔說著峇里島清風徐來的悠然自得，我以及披掛在肩上幾件簡單的行李，隨即被一位叫小P的年輕導遊，接手放進五人座小巴士的後車廂裡，司機一路風馳電掣的穿越市街，來到位於郊區的神鷹廣場。

午後時分，峇里島湛藍的青空，幾片流雲輕緩漂浮，雲朵伸展慵懶的姿態，委實出落成令人感受難得閒情逸致的風雅景況。

位於金巴蘭的神鷹廣場入口處

就某種意識來說，當登上神鷹廣場不高的幾層石階，我像是來到這座郊區的小山丘散步一樣，竟萌生一種清心想喝茶的衝動；事實也正是如此，清風徐來，的確讓我感到通體舒暢起來，然而，我卻無法相信，能夠自在的吹拂到不知從峇里島那個方向飄來的風，竟是自體。

從台灣到峇里島，遙遠的島嶼清風，湧起我既疏遠又沉重的感覺；不過只是一趟旅程而已，在我心裡，那易墜的心情隨山風起伏，旋即糾結出一段短暫的莫名矛盾，實則我的心田不由興起被山風吹亂的浮動不安。直到看見兩名身著白色沙龍裝的僧人，手捧幾朵雞蛋花，就地跪在一尊神像前作勢膜拜時，才吃驚的搖動我那似乎還未清醒過來的神智，叨叨絮絮的隨導遊將視線轉移到樹叢外一尊巨大的神像。

被分置兩地，尚未組裝合成的神鷹銅像，座落在廣場中央，巨大的藝術雕像彷若無力擴展似地攤在廣場一角，雖然從樹叢這一頭僅能見著守護神畢

原名叫做Garuda Wisnu Kencana文化公園的神鷹廣場

神鷹廣場內的祭司在膜拜祭神

神鷹廣場的女神雕像

將整座山劈鑿成二十幾座巨型四方石塊文化藝術區的神鷹廣場

瑟奴銅濁色的半身神像，心裡卻能強烈感受它壯麗無比的恢宏氣勢。

位於金巴蘭（Jimbaran）山區的神鷹廣場，是峇里島的新地標，印尼前總統蘇哈托時代即開始興建，由著名的銅雕師設計，原本規劃將整座山劈鑿成二十幾座巨型四方石塊的文化藝術區，然後在每塊巨石上雕刻印尼神話故事中的神像，便以打造成為石雕藝術廣場；工程進行階段，蘇哈托下台，其子掌政期間，工程雖持續進行，最後仍因經費短缺而停擺。

雖則如此，遊客所能看到的GWK藝術廣場，僅能就保存完工的部分略窺這座巨型神話故事園區的片段傳說。

我心神寧靜的穿梭在被放置兩地的神像和神鷹銅雕之間，眼見靈明而細緻的雕工，彷若神來之筆的綻放出使人陶醉的藝術美感，此時，我忽然感到

猶如迷宮的神鷹廣場文化藝術區廊道

守護神畢瑟奴銅濁色的半身神像

胸口熱燙起來，眼睛隨之跟著發亮，我知道那不是愛美的心理在作遂，而是黑沉的毀滅意識正不斷昇華，這種被抽離的藝術機能，好像被分隔兩地，頓時失去魅力的藝術精華，死沉沉的躺在地面上，使人難以辨識純粹的神話熱能，更遑論等量齊觀的雄偉氣魄了。

暫時的殘缺也是一種美吧！經由無限擴張，總有一天，神像和神鷹或可一體成形的彰顯出令人驚心動魄的調和之美。

走出銅雕神鷹的壯麗色彩，我緩緩舒了一口氣，幾許無奈的感觸，撞擊旅人幽緲的心情，偌大的神鷹廣場，我站在神像和神鷹的銅雕前方，俯瞰那殘壁廣場上輝映著夕陽餘暉，有如綴著金黃色澤的光暈，隱隱泛紅的發

神鷹銅雕

神鷹廣場的傳統木雕牛座

出一股迷人的古典模樣。

不甘心站在高處賞景，那種眼見抽象又模糊的景象，促使我走下台階，沿著長滿青苔的石板，順勢走進廣場旁如迷宮式的四方高牆，環顧那看來似是年代湮遠的土牆，如何傳述歷史，如何讓遊客從中領受宗教味濃厚的神鷹廣場，晚霞滿天的燦然景致。

象徵峇里島子民迎向未來決心的神鷹廣場，原名叫做Garuda Wisnu Kencana文化公園，Garuda意為神鷹，Wisnu Kencana意為環境保護神。這座神話廣場中心如今已然成為峇里島人舉辦大型節慶聚會或文化藝術活動的最佳場所了。

從迷宮式的土高牆走出來後，我在鄰近販賣店休息區飲一杯冰涼的椰子水，這時，原本坐在休息區假寐小睡的幾個身著峇里島傳統服飾的少女，羞赧一張紅通通的臉，亦步亦趨的走到階梯邊沿，開始扭動起曼妙的迎賓舞，她那纖細的巧手，柔軟得彷彿清風中的柳絮，一會兒飄瀟伸展，又一會兒如浪起伏，倏然直挺的蓮花指，宛如萬佛朝宗般的向天際畫下幾許靈敏的圈圈，然後讓整個身子在充滿律動的節拍中，彎到極度，合成天地人一體的動人畫面。

黃昏逼近，浮雲蔽空，晚霞透過雲層溫柔的照耀在跳舞少女的身驅，她兩袖隨舞遮掩著臉龐，我定睛一看，她那原已羞赧著紅撲撲的面色，這時被霞光照映得愈加紅嫩。

神鷹廣場內穿著傳統服飾的峇里島舞者

小品紀事

峇里（Bali）屬於小巽他群島（又稱努沙登加拉 Nusa Tenggara）之一，具有「神明之島」、「惡魔之島」、「天堂之島」、「魔幻之島」、「花之島」等別稱。峇里島的新地標「神鷹廣場」，是由整座山切割成的文化藝術園區。這蕞爾小島，流傳著成千上萬的神話故事，尤其是號稱峇里島的未來「神鷹廣場」，巍然傲立於山之巔，清風徐來，陣陣花香伴隨巨大神像，睥睨群山的氣勢、鬼斧神工的技藝，將山崖橫切成數塊，直稱是峇里島子民迎向未來的決心。

夜泳峇里島

靜寂的水中即景

夜，猶如君臨其上的統攝著寧靜的峇里島，街道兩旁稀落的燈火，彷彿在墨綠色的畫紙上撒下幾點金粉，閃爍隱約明亮的光芒，使人無法清楚分辨這無盡的長夜，峇里島人究竟做何休閒？黑夜降臨得比台灣晚的峇里島，美在哪裡？是寧靜本身，還是籠罩峇里島的虛幻暗夜？

我終究無法辨識夜晚從海上吹來的微風是西南風還是東北風？這輕柔的微風忽緩忽急，總是纏綿般環繞在我走進走出的飯店四周。坐在庭園涼椅，天空深暗，但月色照射過來的方位仍清晰可辨，白朦朦的月光即使一時間難以揮灑它明燦的光華，我卻揮霍般的坐在飯店庭園一角，任其微風隨意吹拂，印證這一趟峇里島之旅，一切都如想像中的細膩精緻。

是啊！作夢也沒想到，我竟然能禪定般的閒坐在單調無趣的機艙裡五個多小時，一路順暢的來到峇里島。

旅行何嘗不是一種機緣，我在為自己的生命累積更多回憶。

因此，坐在微風隨處飄送的庭園裡，我開始編織這一趟旅程，潛藏在心底，那些關於峇里島的初淺面貌；我不能只憑想像，便意圖把整個峇里島的模樣搬進腦海，一如錯把夜色中的燈火當成結晶一樣畫入心田裡的畫布那樣，抽象而虛無。不，到處可見紅磚白泥建築的峇里島，肯定不會贊同我用粗枝大葉的心情描繪它的輪廓。

峇里島飯店景觀

這時，我對美的執著態度顯然不斷流露出連思維都無法抑止的想望，那意味著我喜歡簡單而有韻味的自然之美，忽然一一呈現眼前。

峇里島上到處可見紅磚白泥的獨特建築，民宅或者廟宇都纖巧般的彰顯民族色彩，而門前獸身人像的雕塑圍上表示最歡迎之意的黑白方格布巾，則充分流露民族美學的某種特殊況味。尤其具古典色彩的屋宇造型，猶似塗上簡明而脫塵的色彩，讓樸實成為建築的特色，這種像是專門建來供神明居住的純潔住所，明晰的樣式盡收眼底。

被世人美譽為現代「香格里拉」的峇里島，有人稱之為「地球上最後的南國樂園」，更有人稱她是「神話藝術之島」與「音樂舞蹈之島」；繽紛明亮的島嶼風情，從機場沿途，一路平坦寬闊的開展，路旁椰子樹影搖曳伸展出一幅熱帶地區特有的明晰光澤，顯現出都市鄉村化的自然風貌，翩翩支撐起使人感到悠然適意的寧謐好景。

無非就是畫唄，虛無又真實交相輝映的和煦畫景，把人深深吸了進去，並沉湎其間。

人在其中，好比無為仙翁。

為了保存峇里島原始純樸的自然景觀，印尼政府明令嚴禁島內設置工廠，並規定所有建築物的高度不得超過椰子樹。是啊，這便是美的構造，一種把天空留給天空的含蓄之美，當大地和天空互相連繫形成寬闊的壯麗之美時，那映現眼前青翠蓊鬱的熱帶椰林、層層疊起的綠色梯田，以及連綿不絕的低矮峰巒和閒適迷人的海灘，迅速襯托出恍若仙境的山川水色。

今晚就要住宿在這一幢比島內最高的椰子樹還要低的四層樓飯店，我有一種心靈復甦的快意感動，那像是只要一伸手就可以觸摸到天空的興味，竟使人興奮的心情不自覺地翱翔起來。

儘管這時候的天空依舊微微流動幾朵黑雲，我正閒坐在庭園飲茶賞景，眼見草坪一座見方不大的室外泳池，在月色與燈光照射下，漂浮幾許粼粼水波，誘使我急欲躍入水中與水共舞的衝動。

我看穿自己蠢蠢欲動的心思，便不由分說的褪去長褲，換上一條緊身的白色泳褲，露出兩條白蒼蒼的小腿，沐浴在暈黃的月光下，循水光漂浮游動。

初次謀面的峇里島，在夏末月色下，顯得寂靜幽深，裊娜宛轉的水波，載浮載沉我與水反覆交疊的悠然自得，沉重的胴體頓時輕盈起來。

微妙的水波，霎時成為我偷情的對象。

今晚的飯店並未在露天的庭園安排峇里島的傳統舞蹈表演，印度文學家寓意，關於峇里島的傳統舞蹈和音樂，是天神將精華傳給印尼，卻把殘渣留給印度；回想過去回教勢力席捲東南亞時，因為嫌棄峇里島缺油少糧，不屑染指，甚至過門不入，遂讓印度教拾得機緣，深入峇里島立足生根，從此，這塊被凡人摒棄的土地，印度教得以自由綻開無與倫比的聖典。無緣見著那使人嘆為神奇的舞蹈，我在閃爍幽暗燈火的泳池裡，伸直脖子，從水裡抬頭貪享月色在遼闊的天宇間，舞動她慢板的悠然姿態。緊緊擁抱這四下無人的水中即景，讓肉身俯仰成一條逍遙無拘的魚，逕自穿梭在被解放的靈魂之外。

小品紀事

峇里島，做為行政區劃時被稱為峇里省，是印尼33個一級行政區之一，也是著名的旅遊勝地。該島距離印尼首都雅加達約1,000公里，與爪哇島之間僅有3.2公里寬海峽相隔，人口約315萬。峇里省省會設於島上南部的丹帕沙。

該島地處熱帶，屬於熱帶乾濕季氣候，乾濕季節相當分明，雨季（10月至隔年3月）吹西北季風，乾季（4月至9月）則吹東南季風。這樣的季風型態使得海上交通變得困難，是峇里島與外界聯絡不易的主因，但也因此而有獨立的歷史發展。乾季期間，東部和北部經常降水不足，此外雨季時可能一整天都無雨，有時降雨過盛會造成路面30公分以上的積水。

峇里島一整年的氣溫沒多大變化，最低平均氣溫約24度，最高平均氣溫約31度，天氣大多炎熱潮濕，體感溫度偏高。

驚險的叢林溪河
到阿漾河泛舟

我在阿漾河畔一間木造的更衣兼淋浴小屋，笨拙的換上剛剛才從路口一家小雜貨店買來的短褲，準備前往乘船處做一趟被導遊形容為異常驚險的泛舟之旅。

清晨的阿漾河，微風穿過樹梢，發出一陣陣使人感到慵懶的涼意，在群樹夾雜不知從哪一個方向傳來的鳥鳴聲，使我不自覺的張大眼睛觀察這座叢林的林相生態。我對林木生態並不熟稔，卻對這座我即將展開生平第一次泛舟活動的叢林，特別感興趣；觀察林相或者水岸生態，僅只是為了證明我確實來過這裡，並且勇敢的加入泛舟的冒險活動。

這樣說來好似我其實就是個膽小鬼，不過只是一趟與水接觸的滑行運動而已，我的內心卻充滿莫名的恐懼感，彷彿橫在眼前這一條湍急的河流，將會活活把我吞噬一般，使我在踏進橡皮艇的那一瞬間，還猶豫該不該伸出腳去。

第一次如此貼近叢林的溪河，小心翼翼的觀察河面上的水流，看似平靜的阿漾河，遍佈嶙峋石塊，那些突出水面的石塊，一再涉入我的意識裡，繼而逐步侵犯我的勇氣，一點一滴的擺佈我焦慮的情緒。

我的生命向來易於受到未曾經歷過的事物驚嚇，這時，我發現我的體溫不斷增高，就好像河面的水位被載沉載浮的橡皮艇沖擊一樣不斷提高，頓時湧起我愈加退卻疏遠的心理。

何懼之有？看著身旁不少遊客，個個興沖沖的模樣，穿上救生衣，以愉悅的腳步跨進橡皮艇裡，然後聆聽體格壯碩的年輕船伕，操著一口印尼腔的華語說道：別怕，別怕。旋即又舉起手中的木槳，霍然站到水中講解划槳的先後順序與標準動作。

一身黝黑肌膚的船伕，說起並不流利的華語，聽起來十分滑稽，經由他親切又樂天的誇大動作，促使我易於驚嚇的神經緩和下來，不由分說的一腳坐進六人座的橡皮艇裡，隨他划行。

事實也正是如此，當我舉起木槳依循船伕講解的動作，一前一後，忽上忽下划動時，那被濺起來的水花，撲面冰冰涼涼，心田不由興起把萬物都遺棄的快感，渾然忘卻自己正身處在許多石塊阻擋去路的河面上，一會兒急轉

阿漾河畔的店家

阿漾河泛舟是冒險的開始

彎，一會兒船身上下晃動，整個人隨著橡皮艇起伏不定，還不時撕破喉嚨吼出暢快的喊叫聲。我的沉重負擔被水花淹沒了，像發現新的自我一般的在橡皮艇上，竊竊發出一陣陣驚恐後的笑聲。

時而湍急時而平順的水流，我看見阿漾河兩岸的小山谷，枝葉濃密的熱帶雨林、天然瀑布、以及連綿梯田的鄉野景色盡入眼簾，轉眼間，空谷叢林又傳來嘶啞不斷的蟲鳴鳥叫聲，聲聲悅耳的撩人心神流暢。

湛藍的青空，幾片流雲輕巧浮動，熱帶雨林一柱擎天的椰林，渲染一幅生動畫面，眼見不知名的鳥兒在群樹之間飛越，樹梢無數露珠映著晨光殘餘的朝霞，發出一道淺淺的光芒，就連綴上水滴的蜘蛛網也在徐徐微風中，微微顫動，隱隱泛著一絲金黃色的光澤。

阿漾河畔的農村梯田景色

何等美好的晨光！來自嫩綠草木散發的幽幽香氣，迫使黝黑肌膚的船伕，止不住快樂的心情，他讓橡皮艇停靠在一處淺灘，要遊客下船戲水，話才落下，他已然自行褪去上衣，露出一身結實的肌肉，躍入水底，以快速的泳技悠游在小峽谷的一灘清水裡；瞬間，又躍泳出水面，飛身站到對岸直沖而下的瀑布底下，用生硬的華語喊著：你們游過來呀！

很愛表演的船伕，不等遊客準備下水之際，又一個人率先攀岩而上，矯

泛舟出入處的遊客餐廳

餐廳以木頭和茅草搭建

餐廳供應的簡餐

健的身手讓他一下子工夫便攀上半岩處，然後高高站起又直直張開手臂，縱身夾在瀑布裡跳進水裡，水花濺到水面，讓橡皮艇不斷晃動起來。

是該給掌聲。

勇猛的年輕船伕，仗勢一身堅挺的肌肉從對岸慢慢游了回來，嘴裡直喊著：水好，水溫暖，你們為甚麼不下來？

側耳凝聽，船伕說的華語使人聽起來十分吃力，我腦際裡倏然浮現出年輕時代在新竹山地部落生活的日子，不也曾經如魚得水的在山谷小湖裡，游出一身輕快；年輕歲月已然消逝，我卻跟著害怕起水來，莫非我對水無端生出的恐懼感，竟是因為歲月消逝所帶來的不安與恐慌？

看船伕如晨光般明晰的泳姿，我在峇里島這一條名叫阿漾的溪河裡泛舟，不僅見到熱帶雨林的微光風情，也看到自己在水域裡一場有驚無險的勇氣之旅。

小品紀事

1969年，峇里島的觀光業從伍拉．賴國際機場啟用後，即開始大規模發展，沙努和庫塔成為觀光勝地；1980年代，高級度假村不斷在努沙杜瓦一帶建造；1990年代，開發的風潮則往庫塔的南北向拓展，範圍從水明漾（Seminyak）、蕾吉安（Legian）、金芭蘭（Jimbaran）到沿岸區，形成廣大的觀光地帶。水明漾的北部就是著名景點海神廟所在。

峇里島南部的海岸，海浪品質佳，吸引不少世界各國的衝浪好手造訪，成為衝浪勝地。許多靠衝浪產業為生的人口增加，包括衝浪商店和衝浪教練等，甚至是靠衝浪商贊助的專業級衝浪手也一再增加。另外，到山溪間泛舟，也是峇里島之旅不能不去的重要行程之一。

峇里島的藝術重鎮

烏布美術館賞工藝

午後的烏布（Ubud）街市，道路兩旁的菩提樹沐浴在飽滿的陽光裡，一間間民藝店夾雜著裝潢印尼風的咖啡屋，向馬路兩端直直延伸過去，陽光以慵懶的姿態，灑落在咖啡屋旁的路樹上，使得路的盡頭呈現出一遍綠意盎然的叢林模樣；這時，倦飛而回的雀鳥棲在枝頭上，發出竊竊的鳴叫聲，我驚奇的感到意外，南島午後輕柔的陽光滲入枝椏間，竟使這一條籠罩在熱鬧氣氛的市街，顯露出靜沉沉的鄉野風貌，表面上看起來是人潮絡繹不絕的藝術大街，我也僅能聽聞幾聲鳥鳴的幽雅啼叫。

烏布是峇里島的藝術重鎮，更是峇里島人文薈萃之地，從古蹟遺物的石居發跡，直到如今，以畫家遍佈而聞名，這個以悠閒與寧靜之美著稱的村莊，過去和現在，確曾吸引不少來自世界各地的藝術家，在此落地生根寫生作畫。

很難想像，路旁任何一個剛從田間做完農事回來的男丁都可能是個藝術家，農夫耽於家門前的庭院，雕刻或是作畫，那是一種何等閒情逸興的工夫？冷靜一想，這種源自古代，為了彰顯天神的偉大，以及服侍王室與貴族的工藝技能，從家學淵源轉型成了手工藝師傅，我的潛意識竟強烈的把長久以來對工藝的執著，寄情在對烏布藝術村的偏愛。

烏布藝術村的畫室

烏布是峇里島人文薈萃之地

烏布的中心地帶十分開闊，從市街主要大道往裡面走去，一派樸實又恬適的田園風光即刻展現眼前，許多商家後院都設有畫室，供遊客觀賞畫家作畫的情景。

悄然走進烏布藝術家的室外畫室，欣賞這些平民藝術家一筆一劃的在畫布上，用鮮明的色彩作畫，一派專注神情。

翠綠的原野中，匯集了不少美術館和木雕工作室的烏布藝術村，我見到許多藝術家和舞蹈家在此聚集，互相激盪創作的靈感；憑畫佇立，仔細端詳眼前幾位年輕和年老的畫家們，源源不絕的讓鮮麗的色彩渲染在畫布上，無論寫實田園、愛神繪像或花

峇里島人的藝術繪畫

鳥油畫，那每一幅被稱做「獨一性」的畫作，從虛無之中逐漸浮現出如鬼斧神工般的精妙藝品，說是藝品，那的確是一種無可懷疑的人造美，被精巧的手工靈敏的包裝成繽紛多色的油畫藝術。

凝氣觀注畫師神態悠閒的坐在小繪台上作畫，我的心竟引發一陣陣起伏的潮流，這些描繪神、人或花鳥景物的花樣技巧，不斷吸引我駐足觀賞；就在午後吹拂微風的小繪台，透過田園風景和畫師慢條斯理作畫的模樣，我彷佛看見人與自然經由相互瞭解後，充滿虔敬心理的真摯場面，在那一枝彩筆的揮動下，所有真摯、爽朗、自在或用心的色調都不經意被塗抹在畫布上，同時寫在臉上。

我站在繪台下，神情專注的兩眼發愣起來。

藝術創作受到歐洲畫風影響至深的烏布藝術村，現代畫作除了取材自印尼和當地神話傳說之外，更能從舊爪哇文學以及現代日常生活中擷取靈感，藉此表現峇里島繪畫藝術的美感，色彩豔麗的畫作，栩栩如生，把人造美彩繪如真的一般。

烏布藝術村於多年前被一群西方畫家發掘，投入大量愛與構思，並相約定居於此，荷蘭的著名畫家HansSnel與美國的Antonio Blanco等藝術家的住處及藝廊都在這裡。觀光客必到的PuriLukisan美術館則收藏有許多本世紀以來最多峇里島人，以及長年居住在峇里島的外國畫家的重要藝術創作精品。

烏布既是峇里島的藝術中心，鄰近不少各有所專的小鎮，一個村落一樣藝術特色，如馬斯（Mas）木雕村，沿街全是木雕工廠和展示店，Celuk村以製作銀飾吸引觀光客，Gianyar村則是手染織布中心；可以這樣說，烏布是集合各種印尼和峇里島的民俗、藝術、音樂、舞蹈、畫派的重鎮，各式各樣的藝術品、手

藝術村畫室展示的美術作品

工藝品盡在其中。

說我在充滿田園風情的美術館流連忘返，一點也不為過，行走在這一座被綠色林園包圍的畫室與畫作展覽館，我確曾想完全拋棄現世的市俗心情，一邊從心底昇起一股對文明生活的嫌惡感，又一邊叨念旅行的日子太短，使

藝術村戶外畫室

畫家在藝術村戶外畫室作畫

畫家在藝術村戶外畫室作畫

我無法放開全心，以更閒適的心情，多看一眼那些畫家精良的畫作。

就那麼幾眼也夠，我瞇起小小的眼線，直愣愣的從畫作展覽館外頭鑑賞起掛在門口兩側，那一幀叫做「愛神」的油畫，仔細端詳。

真是絕妙又神奇的作品，我相信視覺上的美必然存在某種隱藏性的真情，我在吹微風的午後，看見峇里島絕美的投影。

藝術村內建築別具典雅的咖啡屋

小品紀事

整座峇里島就是一座大型的美術館，而烏布藝術村更是一村落一特色。

度巴蒂臘染村（TOPATI）：以蠟染聞名，可見色彩鮮豔的蠟染布和蠟染畫作。

巴杜布蘭石雕村（BATUBULAN）：以石雕藝術品著稱。

馬斯木雕村（MAS）：以木雕面具見聞，藝廊佔地不小。

哲魯銀器村（CELUK）：著名的金飾、銀飾的工藝中心。

BONA村：以藤編織品聞名。

烏布區內有許多美術館，展示藝術家的油畫作品：

內卡美術館（(NEKA MUSEUM）

主持人Neka是位退休老師，美術館的擁有者，出生藝術家庭。其父於1960年獲選為峇里島最佳雕刻家，作品曾到紐約參展。Neka深受父親影響，到過歐洲考察當地美術館的經營模式，回峇里島後，開始收集各方繪畫作品，美術館於1982年開幕，全館共有6棟建築，以不同主題與畫風做分類；Neka美術館可說是峇里島繪畫藝術的主流。

門票：20000盧比。開館時間：09：00～17：00。無休。

地址：Giayar, Ubud 從烏布皇宮步行約15分鐘。

魯基桑博物館（PURI LUKISUN MUSEUM）

位於村落的中部，以獨特的工筆畫描繪峇里島大自然、神話與人類生活；佇立於綠意盎然的樹林裡，為一宮殿式建築，可與峇里島眾神相遇。

門票：20000盧比。開館時間：09：00～17：00。無休。

地址：Jl, Raya, Ubud 從烏布皇宮步行約10分鐘。

網址：www.mpl.ubud.com

阿瑪美術館（ARMA MUSEUM）

峇里島首席繪畫收藏家Agung Rai於1996年所建的大型美術館，以開放式空間設計展現出峇里島特有藝術風格，如建築、庭園設計、雕刻、繪畫等。新月與滿月時尚有Kecak（猴子舞）的表演。

門票：25000盧比。開館時間：08：00～18：00。無休。

地址：Pangosekan, Ubud 從烏布皇宮搭車約10分鐘車程。

網址：www.armamuseum.com

魯達那博物館（RUDANA MUSEUM）

位於烏布郊外田園，是一座充滿峇里島風格的博物館，陳列著大約300件的繪畫與40件的木雕作品等。從峇里島傳統繪畫到現代繪畫一應俱全。

門票：20000盧比。開館時間：09：00～17：00。無休。

地址：Jl. Cok Rai Pudak No44 Peliatan, Ubud從烏布皇宮搭車約10分鐘車程。

網址：www.armamuseum.com

烏布藝術村畫室外的猴雕

森林裡的溫柔芳療 JUNGLE森林SPA

站在烏布區幽靜的丘陵上方，等待年輕的導遊引我走到下一段行程。

午後微風輕柔的從樹梢間穿梭過來，發出一陣陣悠揚的清涼爽意，這時，稀薄的陽光在整片綠意盎然的小叢林裡，浮出半隱半現的微光，把丘陵地上的草叢投影成閃爍星光般大小的光芒，點點躍動的光芒，看起來比真實的亮光還要來得鮮明耀眼，好似一幅在墨綠色的畫布上灑落點點白色的顏料，晶瑩的

烏布區幽靜的SPA中心

色澤，給人一種異常驚喜的感覺。我移動腳步，用各種不同的角度去欣賞這突如其來的發現，總感覺自己像是來到一處有著柳暗花明般令人神奇感動的地方。

這是哪裡？導遊將要帶我到怎樣一個新面孔的地方？

他說，這是座落在森林園子裡的SPA中心，叫JUNGLE SPA。

「怎麼樣？很特別的行程吧！」年輕的導遊用他那青春得使人妒嫉的笑臉說道。

JUNGLE SPA中心位於烏布區幽靜的丘陵地，被層層疊疊的樹林環繞，熱帶風情的印尼式小

SPA中心位於烏布區幽靜的丘陵地

橋流水、庭園、石雕和低矮、開放式的泥造按摩房，擁有使都市人嚮往的清新空氣與典雅模樣的花藝建築，全都融入在充滿綠意的丘陵地；才走到入口處，隨即被四周飄散而來的花香、草香和水香薰出一身神魂顛倒的迷醉樣。

穿越廳堂一派印尼沙龍式的裝潢，我被一屋子的花草盆景攪得心神不寧，這不過只是一棟漆著深棕色的古老木造建築而已，屋前的擺設活脫脫像一幅畫景，說不上美或是不美，倒是展開出幾分調和的意境美感，使人很快的把心安定下來。

進屋之後，隨即寬衣、換裝，再由一位男性

古意盎然的庭園

按摩師領著走入一間寬敞開闊的按摩房，有窗台卻未見窗戶的按摩房，四周張掛翩翩飄逸的各色長條沙龍布帘，我再度被無處不在的花香味薰得不知如何自處，眼看按摩床旁邊，漂浮疏落玫瑰花瓣的浴池，才開始感到神色鬆弛，有一種輕鬆解放的自在快意。

花香和泉水蕩漾出心神寧謐的安定感覺，這時，我深刻的意識到，大自然的氣息宛如神奇的魔法師，竟然可以在如此短暫的時間裡，讓我的身心靈獲得片刻安頓。

關於SPA這個字的由來，曾有專業人士提及是源自於古羅馬時代的「SPARSA」，SPARSA這個字原來的意思是「噴湧」、「湧現」；另一個說法則是源自於拉丁文「Solus Par Aqua」，原意是指透過水來促進人體的保健；又有一說，指陳SPA原為比利時一個小山谷的名稱，因為山谷裡的泉水含有豐富的礦物質，這些溫泉水供人沐浴後，對洗滌身心靈大有助益。如

寬敞開闊的按摩房

今，原來SPA的意義已然從早期「一個蘊藏豐盛泉水的地方，人們以泉水來治療疾病或改善身體健康狀況。」的單純說法，轉化成「一切對身體、心理、靈魂有正面助益的結合」。

不同的地域，各自存在獨特的民情風土文化，SPA的風格與作用相對不

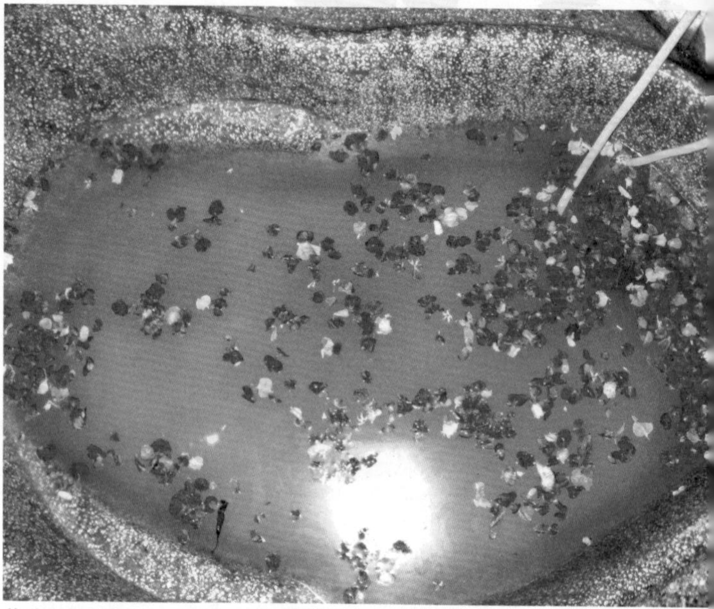

花香和泉水蕩漾出心神寧謐的安定感覺

SPA中心的更衣間色彩豔麗

一。羅馬帝國時期，醫療設施並未如現在發達，在古羅馬地區湧現出來的溫泉水，不僅乾淨，水質更含有大量豐富的礦物質，對於身體的代謝、機能運作，都有正面的幫助。也就是說，現代人享用SPA和古羅馬時代的人懂得享受泡溫泉讓身心靈舒暢的智慧一樣，都有著一致看法和態度。

SPA再度流行民間已然多時，法國有海洋SPA，義大利的SPA用泥漿敷臉做美容，土耳其有魚SPA，讓水裡游來游去的小魚替人體做美容，其間，亞洲地區比較風行的SPA則是泰國的草本精油，以及印尼的濕泥、肉桂精油等。

SPA在印尼已有幾百年歷史，印尼語稱這種人體美容為 LULUR，意思是指讓皮膚嫩滑，為古代帝王專屬的貴族享受，但隨著社會變遷，以及生活方式的發展與進化，再加上當地人認為構成生命的二大元素是來自大地和海；因此，印尼和峇里島的 SPA，即演繹成一種「萃取天然精華、結合傳統手技」的按摩概念，利用草藥、香花、精油、海藻等材料，再結合為帝王所設計的精緻手技按摩，一來可達到去除皮膚角質及毒素，幫助血液循環以及消除疲勞，進而產生一種使人身心舒暢的效果，包括視覺、聽覺、嗅覺及心靈的鬆弛，進而達到精神和體力的恢復，這是SPA提供給現代人最直接的享受。

我在座落於叢林間的JUNGLE SPA中心，享受一整個午後安詳的時刻，幽靜樸素的庭園裡，我下身繫著一條印尼的沙龍薄布巾，輕盈的漫步碎石走道，賞花或者浸泡在冰冷的泉水池中聽鳥雀鳴啼，通過花香曲徑和自在無為的心理，我在峇里島旅行的心思，澄明得了無雜念。

小品紀事

SPA真正的用意，除了基本的清潔皮膚和身體的按摩之外，更強調人與環境的互動與契合，講求心靈的洗滌，使身心靈獲得平靜；真正的SPA涵蓋了四大精神：營養、運動、心靈的解放、臉部與全身的保養與調理。

峇里島的SPA療程，即充分應用到天然精油按摩、LULUR全身去角質、腳底按摩、蒸氣浴、室外按摩浴池、花瓣澡等與大自然結合的身、心、靈解放，箇中滋味不言可喻。

按照技法分類，泰式按摩口味重，按摩師以瑜伽式乾坤大挪移，強迫筋骨回到正常位置。印尼式的按摩以「壓」為重點，峇里島則偏重「推」，三者技法不同，效果卻一致。峇里島推拿的按摩技法，使用精油完美結合，完整療程一到兩小時不等，包括泡腳和刷腳、全身按摩、全身去角質、泡澡四大重點。按摩師兼及搓、揉、按、壓，溫柔至上，等到療程結束，沖完澡、泡好玫瑰浴或牛奶澡，按摩師還會幫客人全身塗抹乳液，並奉上一杯薑茶紓壓，全程伺候無微不至，使賓客享受有如帝王般的按摩療程。

SPA中心綠意盎然的庭園

峇里島購物市集
漫天殺價的烏布傳統市場

到烏布傳統市場散步，無非只想感受從擁擠的人潮穿越在如迷宮般小巷衖裡購物的特殊景象。這種人擠人，漫天殺價的景象，正是遊客們熟悉的峇里島購物方式。

走進烏布傳統市場，迎面所見，盡是每一戶商家把出售的商品堆滿屋子的壅塞情景，壅塞之中反而易於見到商家排列商品的規律技巧，使得偌大的市場看起來雖然混雜卻不零亂。

我放慢腳程跟著人群亦步亦趨的四處瀏覽，忽然感到不知從哪裡傳來一

08

ARY's SHOP

P
UTA PARKING ONLY
ZONA F
Telp (0361) 973285

股低沉的氣息，使我的神智恍惚旋轉，我想那大概是剛才所見過一大片混雜的建築以及商家陳列的滿溢商品，在我腦海裡留下不可思議的殘影所造成的暈眩現象。那是這個市場豐富的多樣色彩所凝聚出來的某種異樣感覺，就像是市場二樓懸掛在竹竿上，那些形形色色的背包和T恤隨風飄搖，我卻被外觀這一片奇異景象，攪和著目光一時天旋地轉起來。

人潮一如海浪一波波向前推擠的烏布傳統市場，是每一個到峇里島觀光的遊客必到所在，街道或小巷，處處展現上天賦予峇里島人濃厚的藝術才華，無論傳統民俗藝術的竹器編製、藝術繪畫、蛋殼彩繪、陶藝製作、布衫染繪、貝殼藝品、傳統草編或手工風箏製作等，峇里島民都能發揮無限的創作才華，為生產創作增添豐盛的藝術氛圍。

好似農村市集的烏布傳統市場，是最貼近當地生活景觀的特殊風土民情，市場裡所有販售的商品百分之百滿足遊客的購物慾望，走在小巷衖，我不斷舉起相機捕捉市場活力的鏡頭，我想從鏡頭裡獨享這些販賣陶瓷器、皮件、衣服、沙龍布、手工藝品、水果、手工香皂、線香等當地特色商品與食品的商家，如何在店面多、販售商品大同小異、選擇性高、議價空間大的特色裡，與客人完成購物殺價的樂趣。

是啊！那端坐在商家門前年輕美麗的女子，那站在攤子邊髮際斑白的老婦人，手上緊緊握住一台小型電子計算機，神色亢奮的跟語言不通的遊客，咿咿呀呀的比劃，你來我往的盤算合議價格；陽光熾熱的照耀在小巷街每個角落，我看見年輕美麗的女子歡歡喜喜為客人選購的一幅雞蛋花油畫，小心翼翼的包裝，她原本黝黑的臉孔，在陽光強烈輝耀下，愈加紅潤發亮。

這是到峇里島旅遊的絕對樂趣，異樣的市場、異樣的喧囂，我竟忍不住驚異的讚嘆起這座幽靜的小島，隨處都是商店，隨處都是藝術。

烏布是峇里島的文化中心，這裡聚集了最多的藝術家，以及收藏在美術館內豐沛的藝術資產，其中才氣不羈的畫作、神采飛揚的雕像作品，更可能出現在烏布傳統市場內。我在烏布市場的對街，看見不少藝術家和遊客聚集在咖啡屋裡，或閒聊，或針對一幅畫作品頭論足，藝術與藝術家匯集的烏布，在陽光照耀下，舞動一股濃濃的田園藝術風情，我獨坐在一棵老樹下看它人來人往，心中蕩漾起微風般恬適的愉悅。

到烏布來，若能親臨烏布文藝學苑，更能深刻體會峇里島的萬千藝術風華。

烏布文藝學苑擁有最能吸引外國觀光客佇足流連的傳統文化藝術，遊客可以按照個人的興趣和

遊客必到的烏布傳統市場

遊客如織的烏布傳統市場

意願，自由選擇參加任何一項藝術課程。苑內特別安排具專業素養的印尼籍老師親自指導，課程項目包括有傳統民俗舞蹈、傳統竹器編製、藝術木雕、蛋殼彩繪、陶藝製作、揮灑彩筆、傳統草編及手工風箏製作等，讓遊客發揮無限的想像空間，並親身感受峇里島特有的藝術氣氛。

課程說明強調：傳統舞蹈，教遊客如何奠定和舞動峇里島的傳統舞蹈。打擊樂器：如何製作峇里島具傳統風味、清脆悅耳的竹製和鐵製樂器。藝術木雕：如何透過手工製作與完成峇里島傳統的木雕技藝。蛋殼彩繪：如何在蛋殼上彩繪，變成精巧的藝術品。傳統竹編：利用曬乾的

烏布傳統市場充斥各種印尼風紀念品

烏布傳統市場

竹子或藤蔓製作精緻的手工藝品或生活用品。揮灑彩筆：油畫的繪畫技法。傳統草編：利用曬乾的椰子葉製作精巧的手工藝品。風箏製作：峇里島的男人喜歡在草原上放風箏，學習簡易又具特色的風箏，帶回家當紀念品。

清爽的涼風吹到烏布來，四面環海的峇里島，我彷彿聽見潮聲高漲，海風掀動林梢枝椏，使得烏布傳統市場外圍，群樹上的蟬兒、雀兒連連發出短促的鳴啼聲。原來，那是市場裡不斷激增的遊客人潮，似浪潮般湧進來，所發出的喧嚷聲。

是黃昏時刻，我從傳統市場的人潮退下來，依在風中微微頷首，一股腦跌坐到烏布田園式的畫景裡，享受不知道從哪一個方向吹來的撩人輕風。

小品紀事

烏布是峇里島手工藝品的最大集散中心，以烏布傳統市場為中心向外延伸的街道商店，販賣有各項大量生產的便宜紀念品。到烏布傳統市場購物一定要懂得殺價，殺價無一定準則，但以兩三折為基準。遊客到傳統市場購物，最常消費的紀念品，包括：沙畫、油畫、絲綢圍巾、銀飾品、沙龍套裝、沐浴香皂刷、薰香棒、木雕、竹編包、閃亮盒、閃亮女拖鞋、印尼民族風背包等。

峇里島的歷史演進
古色古香的舊日皇居

峇里島是印尼一萬七千多個島嶼中的一個蕞爾小島，緯度在赤道以南８度，位於爪哇（Java）與隆坡（Lombok）兩島之間，因為擁有美麗的海岸、自然風光與風采文化而成為亞洲地區最淳樸、最具有特色的觀光勝地之一，每年吸引大約上百萬來自全球各地的旅客到這裡尋幽訪勝。

峇里島東西橫向約有140公里，南北縱向約為80公里。總面積 5,632 平方公里，相當於台北、桃園和宜蘭三個區塊面積的總和。由東到西，一連串的火山橫亙在島內中央偏北地帶。標高3,142公尺的阿貢山（Gunung gung），是近期活動頻繁的火山，最近一次爆發時間是在1963年。

由於廣大的火山土壤以及有利於耕作的印度洋季風，導致峇里島擁有肥沃的土地與多種農作物。南邊廣闊而稍微傾斜的區域是峇里島聞名於世的梯田米倉，鄰近北岸主要的作物則有咖啡、椰子乾、香料、蔬菜、牛畜與稻米。

峇里島在西元五、六世紀之際，深受佛教影響，直到王子Airlangha 於1011年統一爪哇與峇里島，這時印度教才得有機會全面深入民間。此後兩百年間，峇里島與爪哇的Majapahit王朝，因為宗教信仰的理念大不相同，時而合併，時而獨立；1343年，爪哇名將Gajah Mada征服峇里島，派任爪哇貴族Kapakisan擔任峇里島首長，並在Gelgel（位於Klungkung南方）建立皇宮。

舊日皇居位於烏布傳統市場旁

Kapakisan與其繼任者執意使用Susuhunan（偉大的蘇丹）以及Dewa Agung（偉大的天神）做為名號，表面上擁護爪哇Majaphit王朝，實際上卻行獨立統治峇里島之實。期間，回教勢力進入蘇門答臘與爪哇，1515年，Majaphit王朝滅亡，大量的貴族、軍人、藝術家、工匠與僧侶逃亡到峇里島避難，從此開啟了峇里島文化藝術的黃金時代。Kapakisan的統治力量也相對及於東爪哇與峇里島東邊的Lombok島。

十六世紀中葉到十七世紀期間，葡萄牙、西班牙、荷蘭與英國等歐洲海運發達的國家，積極到亞洲尋找貿易新據點，而峇里島先天上的優渥

烏布皇宮的昔日建築

條件遂成為這些國家競相爭逐的主要目標，不久後，便興起與Dewa Agung時有生意往來的紀錄。

1639年，爪哇的Mataram王朝入侵峇里島，峇里島政府將皇宮遷至Klungkung，開始峇里島的「銀色時代」，尤其在Dewa Agung的權勢轉弱時，整個峇里島共產生十二個小公國，其中存留到近代的共有八個，分別為：位於中南部的Gianyar、Badung、Bangli、Tabanan、Klungkung；北邊的Buleleng（最重要的據點為Singaraja），西邊的Negara，和東部的Karangasem（現改名為Amlapura）。其中的Gianyar後來成為主要的文化重鎮。

到了十八世紀初期，荷蘭與英國在峇里島為利益而爭，1841年，荷蘭船隻在Kuta觸礁，為當地土著掠奪，荷蘭人便由北邊的Buleleng登陸，與峇里島部族會商未果，這時，著名的峇里島民族英雄 Gusti Ktut Jelantik領導族人與荷蘭軍對抗，直到1849年，Jelantik的部族全部陣亡犧牲，荷蘭取得峇里島

烏布皇宮壁雕

北部的土地，次年又掌握西部的Negara，至此，峇里島被荷蘭佔據了大半土地。

1894年荷蘭軍在Lombo島遇襲，1904年荷蘭船隻在Sanur觸礁又被土著掠奪，1906年荷蘭軍登陸Sanur，直闖Denpasar，Badung酋長與族人在荷蘭軍面前自殺，這種國王戰死沙場的Puputan儀式接二連三發生，令人怵目驚心；接著，荷蘭軍進攻Tabanan和Klungkung，Dewa Agung國王一樣在Puputan儀式中自殺身亡，1908年峇里島王朝正式滅亡。

荷蘭人統治峇里島期間，最重要的措施是保護當地人不受外來族群侵害，並全力維護當地文化原貌，同時開始發展峇里島的觀光事業。

1917年，Batur火山爆發，1926年再度爆發，1942年日

烏布皇宮內景

軍循著荷蘭人的舊路，由Sanur登陸攻佔Denpasar並控制Singaraja；1945年印尼宣布獨立，同年日軍撤出峇里島，1946年荷蘭軍擊敗峇里島的反抗軍，直到1949年在國際壓力下荷蘭同意印尼獨立，峇里島從此正式劃入印尼版圖，1956年峇里島列為印尼的一省，其舊日皇居仍舊得以保存。

位於烏布區，鄰近烏布傳統市場的舊日皇居，雖然經過多年多場戰事的侵凌，卻依然保持往日模樣，這個過去被列為神聖不可侵犯的皇族居住地，現在則成為峇里島重要的觀光勝地，不論平時或假日，皇居裡外聚集不少來自世界各地的遊客，親睹古色古香的建築。

親神、敬神、愛神的峇里島人，視皇居為聖潔所在，走在其間，使人不免感受到這座具有象徵意義的皇室住所，流露一股肅穆之氣。

小品紀事

峇里島95%的人口信奉印度教，5%屬於回教、基督教、佛教及其他宗教。明文規定出入寺廟不得穿著短褲或短裙，進入寺廟前需在寺外租借沙龍及腰帶。峇里島的廟會終年不斷，大大小小的廟會以千百次計，祭祀慶典進行中，不得站在跪拜祈禱人的前面拍照，也不得以閃光燈拍攝祭司，如果在街上遇到人家的祭祀貢品，請繞過而行。

印度教階級制度在峇里島雖然沒有嚴格劃分，但為了避免因階級不明而觸犯祭司，國外遊客被教育不可任意觸摸他人頭部，這對印度教徒是一種冒犯。尤其左手被視為不潔，因此在峇里島旅遊時，若有機會與人接觸，盡可能使用右手。

峇里島使用印尼官方語言印尼語，觀光客聚集的地方英語也可以溝通。舊日皇居位於烏布鬧區傳統市場旁，皇居外圍兜售土產的當地人多，價格不準，漫天開價，遊客仍需喊價、殺價。
烏布皇宮佔地廣大，偌大的皇宮裡遺留歷年來種植的各種花卉，像是一座百花盛開的花園，聳立在花叢中的皇宮內，目前開放一半供遊客參觀與住宿，另一半則為皇室後代住處，烏布皇宮內有許多精緻的雕樑畫棟，展現皇室昔日的風華樣貌。

遊唱藝人的歌聲

乘船出發到蘭夢島

生，固為可喜；死，不足以懼怕。死亡對峇里島人來說，是靈魂得到解脫，一種緣於淡雲浮空的美麗幻滅；因此，看待死亡不宜大喜，更無須大悲；彷如印度聖哲泰戈爾所言：「生時麗似夏花，死時美如秋葉。」何以穿越死亡的毀滅距離，精神便得以永生？「死亡就如雲雨循環的變化，何需在意。」峇里島人如是以為。

生存何其遙遠，死亡如此貼近，務農為生的峇里島人在意的

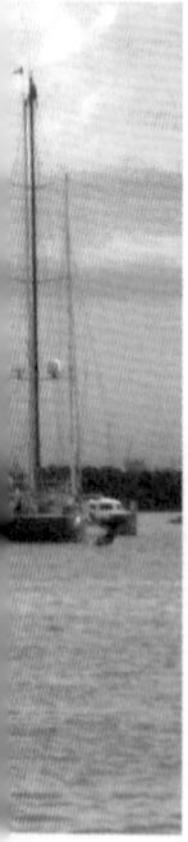

出發到蘭夢島

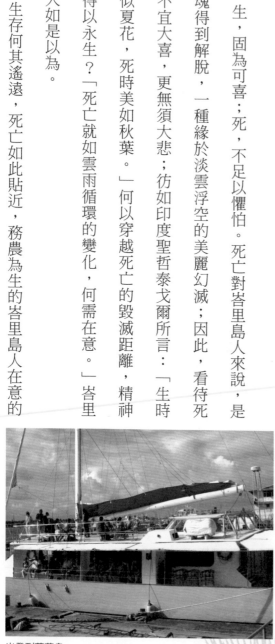

是，每一個活著的日子，是否認真而明確的活在當下？用餐的時候就該喜悅的吃謝恩飯，睡覺的時候就該安詳的入眠，心無旁騖的去做每一件事，生活逍遙無罣礙，一生自然快意。

夏季或者十二月天，隨時來到峇里島，這種快意的悠閒生活到處可見，依循心中對於悠閒所產生的嚮往，我跟隨年輕的導遊來到碼頭，準備搭乘三個小時航程的大型遊艇，前往傳說中亮麗的蘭夢島，玩水或者曬太陽。嘴裡雖然這樣說著，一旦想起必須搭乘三個小時以上的遊艇，我仍幾度糾纏著心理困惑，這麼長時間的海上航行，我將何以為度？抬眼仰望碼頭大片青蔥的天空，心中不免對即將前往的蘭夢島產生不可思議的想法。

說起悠閒，這寬闊而寧靜的碼頭，以某種自在的姿態呈現，

停泊在港埠海岸的快艇

過去任何乘船的經驗，我並沒有過像走在峇里島的碼頭，令人感覺到絕對悠揚的感動；海洋就在眼前，就在停泊無數遊艇、船隻的不遠處，迎面吹來清涼的海風，總感覺即將馳騁而行的這一片汪洋大海，與無所不在的大片藍天、大塊雲朵，燦明似地盛綻出一種悠然暢快的笑容，縱使這一抹象徵海闊天空的笑容使人雀躍不已，我仍不免對無法掌握的這一塊使我感到詭異的深藍色晴空，表露出恐懼心理；如果我是以懼怕某種浩大而產生渺小的心情出現在這一片海域，請相信我，我必無法承受當遊艇行駛在浩瀚大海後所引發的搖晃不安。

進入遊艇的甲板上，看見滿載許多洋人和少數東方臉孔遊客的這一艘遊艇，沉靜靜的停靠在碼頭，船身直挺挺的伸

遊唱詩人在快艇歌唱

及到大海的方向；陽光炙熱的潑撒在遊艇四處，一群又一群的洋人裸露上半身，早早躺臥在涼椅上做日光浴，就連幾個上了年紀的洋婦人也身著色彩繽紛的比基尼泳裝，或躺或到處走動，分明想跟璀璨的陽光別瞄頭。

海水正藍，陽光正烈，我被無法揮去的日光曬得睜不開眼，只好躲進船艙裡，拿起相機攝下甲板上那一朵朵與陽光爭豔的女人花；不論我怎麼拍攝，鏡頭裡面的陽光好似長著荊棘一般的向我的眼睛刺了過來，使我為

快艇行駛在印度洋上

這惹不起的毒辣光芒感到不知如何是好。

這時，船身開始緩緩晃動起來，我聽到船過水花漾起的噗噗聲。藍天、流雲、海水、碧波、從遊艇旁急駛而過的小快艇、浮動眼前的沙丘樹林，在這些景物的陪襯下，遊艇啟動機能，向海天中央那個神祕的水黑洞航行而去。

沒有離愁般的汽笛聲，未見碼頭相送的親人，我登上海風徐徐襲面而來的甲板，朝向無人的空蕩碼頭揮別，我像背叛自己恐懼船、不接近水的諾言，只一意孤行的站在甲板上，和樹林、快艇、碧波、海水、流雲、藍天這些使我心生恐懼的元素，融為一體。同樣屬於這個世界的物質，這些曾經令我感到不悅的元素，竟在我

快艇行業是峇里島觀光事業的重心之一

登上甲板那一刻時，悄然從記憶中消失。

這是一種怎樣的背叛？當往事從我登上甲板的那一刻鐘消逝後，我彷彿又成了另外一個人，既不再拒絕船身晃動將給我帶來心慌意亂的情緒，也不再視那個深不見底的海洋黑洞，無端引起我心悸如痲；這時，我站在甲板，完全接受那個過去只要是聽到海、船、飛行或晃動的名詞，便恐慌不已，一個原本易於歇斯底里的自己。

我用背叛贖回混濁的心。

於是，跟隨這一艘大型的遊艇，航進海洋之心，準備前往蘭夢島一探美麗海域的真貌，形成這一趟旅行最大的憧憬，我不想讓焦慮的心情成為看海、看亮燦陽光

印度洋的金色晚霞

的阻礙，就在遊艇駛進海天共一色的藍色水域，船頭甲板上兩位印尼籍的遊唱藝人，一把吉他、一把沙樂，站到船身最前端，輕快的唱起歌來。美國民謠、西洋老歌、印尼民謠或是鄧麗君的月亮代表我的心，兩個歌唱藝人開始遊走在甲板上的人群之中，這種把歡樂散播到人心底層的舉動，輕巧的帶動座席上的洋人，紛紛站起身來，隨晃動的船隻，熱鬧的高聲合唱起來。

眼前一切，歡樂景象不斷感染著站在甲板上觀景的遊客，齊聲歡唱；原來坐在船艙裡的人，也隨藝人嘹亮的歌聲探出頭來，一起用擊掌聲附和。

海天飄揚遊唱藝人美妙的歌聲，這時，天空中的鷗鳥也紛紛圍繞在遊艇四周，不時發出高亢的咕嚕聲。

小品紀事

到蘭夢島戲水，旅行社的說明書千篇一律這樣寫著：

早餐後，前往碼頭搭乘豪華遊艇，展開輕鬆悠閒的航行，一邊品嚐船上準備的茶點，一邊欣賞海上風光，幸運的話還可看見躍出海面的可愛海豚！

抵達蘭夢島後，乘船到搭建於海中的活動平台，展開各項水上活動，豔陽下清澈的海水，可見深達百呎以下的海景，使人心曠神怡。旅客可自由參加：（1）海上浮潛：最清澈的海域，豐富美麗的海中景觀，必定令您樂在其中。（2）乘坐香蕉船：不限次數暢遊海上景色。（3）搭乘半潛式潛水艇：觀賞各式熱帶魚及繽紛的珊瑚。（4）搭乘玻璃船：瀏覽海中美景。（5）滑水道：可體驗滑入海中的暢快！

之後，前往歐美人士熱愛的沙灘俱樂部，享用豐盛美味的

B.B.Q.自助餐，現烤海鮮任您吃到飽，備有多種飲料；餐後稍做休息，即往蘭夢島村莊，觀賞村民賴以為生的海藻養殖作業、參觀地下石洞屋、百年傳統古厝、吊橋、村廟等。下午折回遊艇海灘，準備返航回抵峇里島，結束充實的一天！

海的閒情適意
微風蘭夢島

經過約莫三個小時餘的航行，遊艇終於緩緩停靠在蘭夢島的外灘，幾艘木造小船早已停泊在外灘，準備接應艇上的遊客下船。

蘭夢島究竟在峇里島的哪個方位？龍目海峽？峇里海峽？還是印度洋？像苦悶年代中偶爾的適意一樣，蘭夢島好似圖畫片裡的幻境模樣，一座被當成度假和休閒的旅遊象徵，從外灘小船上看到真實的蘭夢島，綿延無盡頭的海岸線，以及白色沙灘

船到蘭夢島

在陽光照耀下，鮮亮得如一面明鏡，毫不保留的把炙熱的陽光，狠狠折射到外灘這頭過來，我的眼睛被強烈的光線撲面重擊，差些無法睜開，就算刻意壓低頭頂戴著的鴨舌帽，不讓強烈的光芒直撲過來，最後仍是無法輕易躲過它無情毒辣的追擊。

忽然想起，三個小時餘的海上航行，我在遊艇上到底做了些甚麼？遊艇飛快行駛，我甚麼也不能做，只能眼睜睜看著海天一色的景致，從我疲累的眼簾裡逐漸淡去、消失，進而沉甸甸的跟隨睡意進入夢鄉，就連擺放在船艙中庭，由船家準備的茶點、水果，根本不及享用，便整個人陷入矇矓的夢境之中。

上船、下船，當乘坐在小馬達操控方向的木船上，

遊客在蘭夢島外海換搭小船到島上

眼前所能見到的海岸風光，都隨著小船的晃動，呈現起伏不定的畫景，我坐在鄰近船伕的身旁，見他一身黝黑的肌膚，就好比見到南島民族的色彩一樣，充滿堅實又沉穩的安定神態；如此一想，又使我覺得面前即將橫渡的小灘灣，猶似一段美麗的航程，我可以從海平面上張大眼睛，清楚的張望著蘭夢島上高聳的椰子樹，在陽光照耀下，把幾座座落在沙丘上面，看似印尼式建築的典雅屋宇，襯托出異國色澤的幾番風味；還有傍依在沙灘上繪著多樣鮮麗色彩的帆船和島民的漁船，那突出船身特製的橫向捕魚架，都能調和的呈現沙灘輕靈優美的面貌。

若說來到蘭夢島，只是為了尋求短暫時間的心神寧

蘭夢島餐廳的庭園景色

蘭夢島餐廳

靜，以及靈魂適切的解放，也不算言過其實，當馬達小船把遊客穩妥的載運到沙灘，我提起鞋子赤腳走在冰涼的沙石上，穿越停泊在灘頭上的小船隻，眼前，島上旖旎的風光不僅真實不假的裸裎出來，就連從海面上吹來的風都讓人感到清爽無比。

我興奮不已的告訴自己，這不就是適意的悠閒嗎？原先對峇里島一無所知的印象，蘭夢島的風景或是悠閒也僅止於幻想，根本夠不上美或不美的念頭；如今，眼見為憑，一切坦然，我可以理解到自己在幻想與真實的世界裡所產生的想像難題，這種必須經由親身體驗的真實情形，使我再一次對自己所謂美的觀點，出現極端離異的交錯困惑，也就是說，臨到踏上蘭夢島土地的那一刻起，不由得讓我對美的確是無所不存在的念頭，產生極大的變化，我必須修正自己對於美的看法；即使現在，美在蘭夢島就是這樣可以輕易觸摸到，可以身陷其中，可以把洗滌靈魂的重責大任完全託付給它。

蘭夢島海灘景色

在蘭夢島海灘休閒的遊客

美麗的蘭夢島海岸

這樣說著蘭夢島，好似它便是人們口中說的世外桃源，其實不然，這個看來樸實的小島嶼，在炙熱的陽光底下，正以一種慢調的模式彰顯它與世無爭的姿態，好比沙丘上那一座供遊客休息的草搭涼亭，烹飪師傅在涼亭旁的樹叢裡，慢條斯理的張羅供給上百人享用的午餐，一樣充滿著不可思議的慢調動作。

清風徐來，遊客或者服務人員，個個踏著緩慢的步伐，用餐或者乘涼，我深切的感受到這種來到蘭夢島，所有人忽然一致呈現相同的緩慢動作，就好像輕風吹拂臉頰那樣，不禁令人心情整個舒坦了起來。

遊客在船上觀賞海洋魚群

說不上為甚麼所有的人都被海上輕巧吹來的涼風，感染出一付悠悠蕩蕩的閒情逸致，好似來到這裡，整個人就會變得慵懶起來，走路自然放慢，連說話的音調和速度都緩和下來，這大概就是佛典說的「放下」吧！

自然放下和刻意放下，有著坦然與否的差異，來到蘭夢島的洋人明白，東方人明白，就算是當地的土著一樣明白。這種無意間察覺的感受，使我在蘭夢島的整個下午都感到無比清幽，我從不認為緩和或者慢活是一種假性的美感，當看到天際湧起的朵朵白雲，以及山際照射過來幾道閃耀的金光，都會令我聯想起生命悠然的必要。

就在這一刻，我看到椰子樹下，不少洋人悠靜的躺在藤椅上，興起世界離我遙遠的閒情適意；其實，世界並沒離人遠去，是這一方寧靜的天地，沒有不安和焦躁。

小品紀事

從峇里島本島前往海上浮遊平台和私人島嶼「蘭夢島」，約莫三個小時的行程，豔陽下清澈可見的海水，令人心曠神怡，在蘭夢島可悠遊自在的參加浮潛、香蕉船、半潛艇、獨木舟、玻璃底船等水上活動，同時搭乘當地小貨車做「鄉村巡禮」，遊覽當地居民的生活及參觀海藻養殖場等。

璀璨的金光水色
陽光照耀蘭夢島

這一個吹微風的下午，在蘭夢島的沙灘和草亭裡，我竟清閒到不知能做甚麼？想做些甚麼？到底有沒有甚麼可以做，外頭的陽光滯留在一種不離不棄的狀態，像是死守著海島的每個角落不放，就連沙灘都昇起一股通紅的熱氣，不由得讓我神智恍惚起來。

對於習慣做事的人來說，我就是害怕沒事做

蘭夢島的南洋風光

的當兒，那種使人無所適從，不知如何自處的窘困，我甚至以為是自己得病了。也許我可以到浸濕的沙灘走走，也許我應該走到沙丘上，觀賞滿園子未曾謀面過不知名的熱帶植物，或者，從葉隙間透進來的綠光，細數陽光移動的位置。事實上我真的甚麼也做不得，只是不停的讓葉隙篩下來的陽光，在臉上、身上流竄著。

甚麼都不能做、不必做，算不算一種幸福？

我在想，這種讓綠光在身上不停竄動，易於使人憧憬安逸的現象，本身或許就是某種散播愜意的元素；不知道從甚麼時候開始，我即把自己對於生活的快樂因子拋擲掉，因此，一旦面臨可

蘭夢島建築景觀

蘭夢島的草亭建築

以無所事事的時刻，心裡反而感到萬般不安。

或許那些在山丘上到處竄動的綠光，正是告誡我，我必須停下所有的思緒，和那些蹲坐在沙灘某個樹蔭角落抽菸的當地人一樣，一起把不屬於閒情的雜事、煩惱事，全部移除到外海去，然後，理直氣和的利用這段時間，躺在樹間搖籃裡，或者，索性泡入草亭邊那一口湧水不斷的冷水池，享受片刻的清涼自在。

心裡有了這樣的念頭，我隨即二話不說的褪去上衣，僅著一條沙灘短褲，甚麼也不多想、多慮的走進山丘上頭的熱帶樹林，不受任何毫不相干瑣事的約束和拘束，一個人靜悄悄的與大自然碰觸在一起。

裸身走在沙丘上，使我回復到年少時代光著上身，赤腳走在鄉野捕蟬的心情，若說這時我的內心充滿少年不識愁滋味的情懷，一點也不為過，這四面八方吹拂清涼海風的沙丘，的確燦明無比，任誰走來，都會不由自主的敞開心胸，吸進幾口沁人心肺的空氣。

被層層疊疊的陽光包圍的蘭夢島，眼前遼闊無際的海洋，塗抹一片寶藍色澤，光彩奪目的海天景致，美不勝收，正看得起勁，這時，導遊過來囑咐我午後二時準點要去搭乘小快艇，到臨近蘭夢島邊陲的另一處海域浮潛。

不是說好要在島上享受不受干擾的閒情逸致嗎？我只想從陶醉在大自然的美感中，把所有不想做的事暫時拋諸腦後，以期確保我難得可以自主的意志；我先是跟年輕的導遊交換意見，繼而從他極度誇大式的口吻中得知到外海浮潛的種種樂趣，便毅然否決掉原先的念頭，決定跟同船的遊客一起出海。

不會是我的意志不夠堅定吧！可是當快艇一路馳騁越過浪潮起伏不定的海平面，我竟感到人在海上快速漂流，無比暢快的

蘭夢島上烤肉別有一番滋味

蘭夢島餐廳

刺激力量正全面迎擊而來，那種刺激充滿冰涼的興味，使人很想縱身躍入水中，如魚般無拘無束的游動。

寬闊的浮潛海域，張羅許多海上的遊樂設施，快艇把一船遊客載送到浮潛區的站台上，時而流動的站台矗立在水面上，當一行遊客全數攀爬階梯走上站台時，早早在站台上等候所有人到來的兩名當地嚮導員，旋即以英文講解浮潛的注意要項，間而夾雜幾句土腔怪調的華語，這兩名肌膚黝黑的印尼籍嚮導員，袒露一身壯碩、結實的肌肉，為了人身安全起見，他要所有人留意他口中的哨音與動作指示；我倒是覺得，在尚未完全熟悉水性的浮潛環境裡，他穿在身上那唯一顯眼的紅短褲，才是最明顯的浮標。

不久，遊客配戴浮潛配備，紛紛躍入水面，漂浮在以站台為中心點的方圓海域，載浮載沉的觀賞海底景色。

冰涼到無以比擬的海水，我讓這一具疲累的肉身以伏臥的姿態浮沉其間，眼下水草漂浮著它婀娜曼妙的姿貌，小魚兒不時竄入蛙鏡前，我清晰的看見清澈透明的水底，如實景一般生動的海底生態景觀。寂靜無聲的湛藍水漾，偶爾看見照射到水裡面，被折疊成七彩色澤的光芒；我在其間划動腳上的蛙鞋，忽而東、忽而西的游個沒完沒了，像是一條無憂無慮的小魚游進水的心中，被水溫柔的包容一樣，感到異常神奇。

這個下午，我身處的世界，被水和水聲團團包圍著，接近太陽沉落的時刻，夕陽餘暉遍照整個蘭夢島所能見到的海平面，我竟一時分不清是水色金光璀璨，還是陽光照耀水面璀璨。

蘭夢島的百匯午餐美食

在蘭夢島餐廳聽歌吃飯

小品紀事

蘭夢島位於峇里島第一大離島Nusa Penida西北角。島上並無任何商業活動，以遠離喧囂而自然純樸的風光與各式水上活動為號召，很能吸引遊客。

海藻田與神仙洞

蘭夢島村落奇景

蘭夢島的陽光熱情的照耀我眼睛，我打開通往居住在蘭夢島上，一群陌生居民簡樸生活的探索之路；說是探索，無非是搭乘一部可以裝載約莫十位遊客的小貨車，從海邊沙灘叢林小路出發，前進到座落在叢林之後的村落。

登上一部必須用板凳充當階梯上車的破舊貨車，我有一種返回年輕時代在新竹縣尖石

小木舟如畫的景色

鄉那羅部落教書的舊生活感慨，彎曲的石子路，小路兩旁植滿大葉桉樹，偌大的綠葉恰恰成為熱天裡最舒適的蔽日蔭涼處，和少數來自韓日兩國的年輕遊客，一起坐在舊貨車上的塑膠椅子，乘風攬勝，竟有一種別具風情的享樂快感；就是這樣，四十年前，我初到尖石鄉那羅部落便是經常如此搭乘著運煤車或載竹車出入，部落原始山林的景致，一一呈現在我搭乘的車子兩旁，我見青山多嫵媚，青山見我亦如是。如今，來到峇里島的蘭夢島村落，我一樣得以從一部破舊的小貨車，近看走在窄路邊上，穿著傳統民服的居民，頭頂祭品或包袱，

蘭夢島著名的海藻田

悠然漫步的清閒模樣。

這個不知名的小村莊，鄰近印度洋，當車子經過一處彎道，眼前所見淺海灘區，遍植大片海藻，如畫中仙境的海藻田在落日餘暉的照映下，閃爍出一片難得見到的美麗奇景，司機就近停車，讓遊客順著石階走近海藻田，觀賞海田連成一線的景色，即使不斷經由陽光直接曝曬，採擷海藻的農夫依然不畏辛勞的乘坐在小木舟上，好比湖中採蓮藕的田園人家，搖櫓慢行，然後再用竹簍一擔一擔的挑回家裡。

我被停靠在海藻田裡的小木舟如畫的景色吸引，委實著迷似的被這忽然見到的美景，沉沉懾住；說來不覺荒唐的讚嘆聲，從我心底緩緩昇起，這漂流著深綠海藻的農田，與海岸緊緊相連，渲染上天彩繪的自然色調，天地合成一幅鄉間特有樸實無華的淡然畫面。

籠罩在陽光底下的海藻田，可也是承繼自天地的滋潤，猶似受到上天的恩寵，才能在這一塊藻葉何田田的濕地，發出誘人的海味。

清風徐徐吹入村莊部落，我和其他遊客再度登上舊貨車，直驅前行。

這一程，路途出現更多的居民，專賣沙龍服飾、草帽和雕藝品的商家也一路展開眼前，這時，我才真正開始接觸到民家況味，也才深刻的從兩旁灰牆土屋感受到旅遊南島的異國風情，以及屬於蘭夢島原始風味的鄉野景物。

不見傳統習俗的鬥雞表演、印式染料彩繪和編髮辮，兩部舊貨車搭載十多位遊客，直接來到蘭夢島著名的神仙洞。

據傳，神仙洞為蘭夢島古時一位原住民祭司居住的所在地，這位原住民祭司因為懼怕被鬼魅魍魎追殺，花費了十年時間和精力，在村落邊際的一塊土地上挖掘出一條用來做為生活起居的地洞，十

蘭夢島鬥雞場

蘭夢島村落的孩童

年過去，當地洞完成後，這位祭司即便終其後半生時間，躲藏在洞穴內，過著不見天日的生活。地洞內，廚房、浴室、書房、寢室、廁所一應俱全，堪稱奇景。

彷如鄉間小公園的神仙洞，進入洞口後，我必須屈身，低頭彎腰沿著洞穴旁的小階梯或欄杆，輕手輕腳走下去，一如人們熟悉的迷宮，這個地洞以岩壁居多，鄰近入口處尚可引光進出，直到走進地洞裡面，整個光線便暗了下來，遊客必須摸黑順勢走路，由於年湮代遠，洞穴牆壁的灰塵依稀可見，唯獨不清楚究竟哪一塊地是廚房，哪一方土牆是書房，我被迷宮地洞攪得團團轉，只得小心翼翼循著可見的少許光線的方向，從地洞另一個入口處攀上來，待仰頭環顧地洞的設計模式，才恍然它的入口處即是出口處，而圍繞在地洞周邊，竟存在有多個出入口。

攀爬出神仙地洞，我一動不動的蹲坐在地面一塊大石上，心裡不免興起

神仙洞入口

地底神仙洞

神仙洞內部一景

低頭彎腰進入神仙洞

這個懼怕鬼魅魍魎的神仙怪人，為甚麼要挖掘地洞的念頭？然而，忖度半晌，仍感到十分無聊，一臉悻悻然的從小公園順路走回舊貨車停靠的路邊。

雖則如此，我的腦際倏然浮現出適才低頭曲身走在地洞，所感受到的清涼爽意，那比起地面的高溫還要來得舒適的自然之氣，仍在我心中昇起陣陣涼意。

蘭夢島的夏日陽光，好像不受任何拘束的自在揮霍，我看見許多遊客的臉龐早已因日曬而呈褐紅色，巧的是，當陪我走看神仙洞的年輕導遊正貪婪陽光可以讓他的肌膚曬成古銅色，並彰顯他熱愛時尚美的流行意識時，我卻獨自閃躲那到處肆虐的日光，深怕毒辣的陽光曬傷我那黑色素正逐漸消退，一張早已破碎不堪的面容。

蘭夢島的村落婦女頂物前往祭祀

神仙洞為蘭夢島古時一位原住民祭司居住的所在地

黃昏時刻逼近，就要離開蘭夢島了，被金光籠罩的海平面，輪廓清晰，海水開始轉成黝黑色，恍如夜色來臨前的朦朧幻影，隱約可以看見停泊在外海，那一艘即將載送遊客回返呇里島的遊艇，被貼在半空中。

小品紀事

神仙洞為古時蘭夢島一個原住民祭司，因心生恐懼，懼怕鬼魅追殺，便花費十年時間，徒手挖掘出一個可以在地底生活起居的洞穴；祭司終其一生，一直躲藏在不見天日的洞穴內獨居。洞穴如迷宮，有多條進口、出口，工程浩大，如鬼斧神工，令人嘆為觀止。洞穴內部廚房、浴室、書房、寢室、廁所一應俱全，十分趣味。神仙洞前方有蘭夢島著名的海藻田，供遊客參觀農家在淺海區內種植大片海藻田，以及採集海藻的過程。

峇里島私祕的休閒空間

Villa的閒居生活

黃昏之後，才從蘭夢島搭乘遊艇回到峇里島，天空即飄起濛濛細雨，難得有雨的時刻，稍稍減弱炙熱的氣溫；回到住宿的Villa，屋簷雨聲淅瀝，聽來彷彿只有鄰近泳池旁那一排印尼式茅草屋頂的簷前滴著雨。這是一幢別墅型的度假小屋，和平時所見的汽車旅館或飯店的密閉式建築有所差異，就像獨立於住宅區的一座庭園一樣，被一道中高的圍牆隔絕，屋內庭院草坪綠意如茵，時而粉蝶繞著泳池旁一棵雞蛋花樹不停飛舞；清幽而靜的客廳，擺放一張兩人坐的沙發椅、餐桌以及藝術造型的電視櫃和小吧台，澄明的日光從屋簷與圍牆中道大把撒進來，照映室內空間一片明亮；而以印尼式建築為主幹的錐形竹編支架、覆蓋著整齊有致的茅草屋頂的大臥房，緊鄰客廳廊道，高度約莫兩層樓的臥房，兩片一層樓高的落地窗，與戶外泳池對望，我依在玻璃窗內看著雞蛋花一朵、兩朵的在細雨中掉落泳池。

峇里島的黑夜降臨得比台灣晚，將近七點鐘光景，黃昏景致依然渲染白灰色澤的光芒，我趁細雨停歇的片刻走到庭院，踏著雨後水珠沾濕草坪所反射出來的晶瑩亮光，就近坐到雞蛋花樹後面的休息臥鋪，張眼靜觀那一片閃爍白灰光澤的天空，偶爾掠過的幾片流雲。

峇里島的Villa

Villa設計充滿藝術風味

Villa設計美如一幅畫

旅行的日子，委實難得擁有這種閒情雅興，才一轉眼，夜空便悄然升起黑幕，把一顆一顆燦爛的星斗貼進黑色布幕上，剩下的便只是圍牆內外傳來的蛙鳴聲，此起彼落的相互應和，把整個villa住宿區劃出寧靜中的一兩聲吵雜。

這寧靜中的一兩聲吵雜時續時斷，簡直就是一闕蛙鳴協奏曲，我知道這時不會有人前來打擾，與其坐在休息臥鋪舒緩的癡望天際星斗，兼而讓揮之難去的小飛蟲在眼前不斷迴旋，不如躍入泳池裡浸泡涼水，清清心。

是啊！悠閒的定義不就是隨興隨意的做些看來莫名其妙的事嗎？我褪去全身所有的蔽衣褲，二話不說的縱身跳進水池裡，水溫冰涼，起先，我被溫熱的肉身接觸涼水一剎時的冰冷刺激，整個人一時動彈不得，隨即用雙手向前划去，以蛙式的姿態划了幾下，肉身即刻暖和起來，再划，整個人瞬間裡彷彿變成一尾悠然的魚兒，在水底裡潛進潛出，把一池清水濺出許多水花，眼睜睜看著幾片雞蛋花在水花飄盪下浮浮沉沉，像極了水中精靈，發出耀眼的白光。

這一具經過旅途勞累的身軀，我放下尊嚴與矜持，拋擲掉不需偽裝、不談羞恥的面具，赤裸裸的在水底和水面載浮載沉，呼吸著屬於峇里島特有寧謐的芳香空氣。

這時，我感到裸身舒適，一切枷鎖與拘束，一切不寧與不安，頓時放下，就像沉入水底那樣，我在水中擁抱真實的暖和；是啊！水底世界的清暢暖意比起坐在休息臥鋪跟燈下小蟲比武弄手劍，的確來得痛快，我很清楚，這種無言的舒坦是一種對生命至高的信賴，正如微光中那一身沾濕水珠的肉體一樣，充滿潔淨光澤，不被任何偽裝侵犯，乍看之下，黑夜裡的這一具胴體，被星斗渲染出輕盈的光彩。

軀殼裡寄生著我的靈魂，我的慾念和我的憂懼，我讓水來改變它難以捨棄的執著，讓水使我認識那具我差些認不清，正逐漸萎縮壞去的肉身。

導遊說，Villa就是要用來休閒，我確實做到了。

我按照不想規律生活的方式，在泳池裡待了好一陣，我的泳技或許無法比論，但意圖從與水的親密接觸，找到把苦惱拋擲的決心卻越來越流暢，到峇里島旅行，不過就是要得到片刻或極片刻的休閒信心嗎？

這樣說來，我是不是已經真的能做到把苦惱拋擲或壓縮掉了？

別管它了，任何苦惱不都是自尋來的嗎？

Villa泳池

Villa的設計充滿峇里島藝術風格

直到第二天一早自然醒來，不經意發現，客廳餐桌上早已擺放一桌形形色色的早餐，蔬果沙拉、培根三明治、煎蛋、牛奶、果汁，原先的花瓶換成一盆漂浮著五朵雞蛋花的盆花，使Villa的早晨多了一點有花的浪漫氣氛。

這分明是服務生大清早進房親手烹調做的？

難道這即是旅行手冊上載明寫道的美麗字句：Villa是峇里島特有獨棟式的私人別墅，讓遊客體驗幽靜、私祕、尊貴的屬於自我的祕密花園以及尊爵的感受。

這種通俗文字的說詞，還不如昨天晚上一個人獨自潛入泳池裡，不當裸身是一回事的盡情在水中漂流，來得自在、精彩。

不想讓悠閒成為嘴巴裡的名詞，我花了約莫一個鐘頭的時間，才把一頓簡單的Villa早餐吃完。

小品紀事

峇里島不少Villa是由外國人設計建築的，這些富有的屋主每年只有少數時間回到在峇里島的小王國，其餘時間就委由租賃公司租給旅客使用。

一般的Villa備有管家、廚師與司機，除了雅致的庭園之外，還設置有游泳池或各式球場，全家旅遊或三五位好友齊聚在這樣的時空裡，可以悠然自得地度過一段美好的假期。

現在，住宿Villa已然成為到峇里島旅遊的最大號召，也是到峇里島休憩的重點目標。

海洋守護神

印度洋上的塔那羅海神廟

大清早起床後不久，穿著時尚的年輕導遊即帶著司機先生來到住宿的Villa，操著一口土腔華語的導遊，身穿時髦的polo衫，一臉笑意的站在Villa庭院的碎石小徑旁，看起來青春俊美的年輕人，說起話來，語氣中滲雜些羞澀靦腆的口吻，映著朝霞晴空，他那張原本生澀的臉孔，不斷泛紅起來，好像日光照射下來的紅

塔那羅海神廟入口

暈都集中在他臉頰。

他說，今天打算前往位於峇里島西南海岸的海神廟遊覽。

他從車上取出一頂峇里島草帽給我，說是遮陽用或當紀念品；一點都沒錯，我就是要拿它當紀念品，我喜歡草帽幽緲的飄逸感覺。

位於峇里島西南海岸，充滿傳奇色彩的塔那羅海神廟（Tanah Lot），建築在被波浪拍打沖擊所形成的陡峭礁岩上，是峇里島最重要的海岸廟宇之一，每當漲潮時海水環繞四周，淹蓋整座寺廟，使陡峭礁岩與陸地完全隔離，彷佛一座孤島，若隱若現的漂浮在海中央，加上

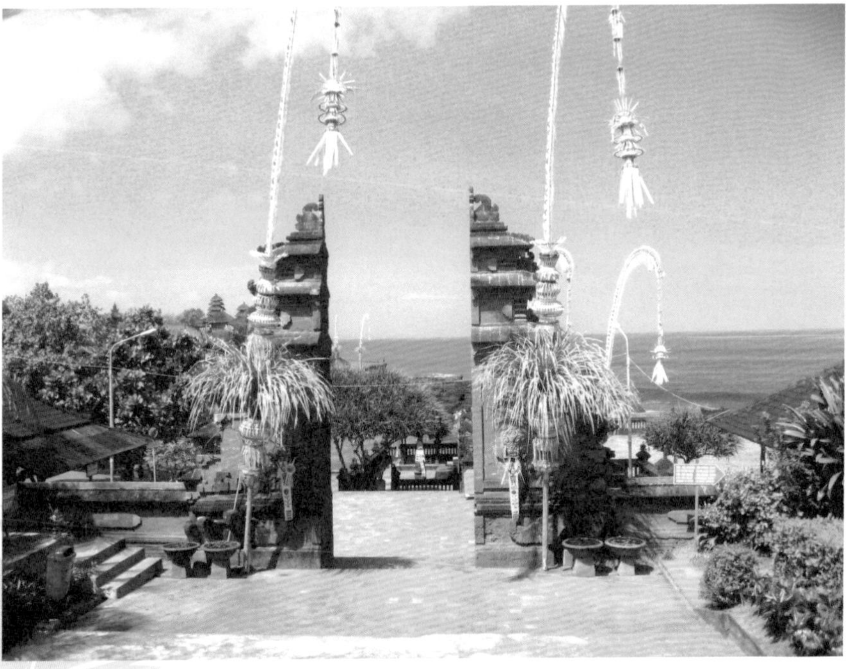

塔那羅海神廟前廣場

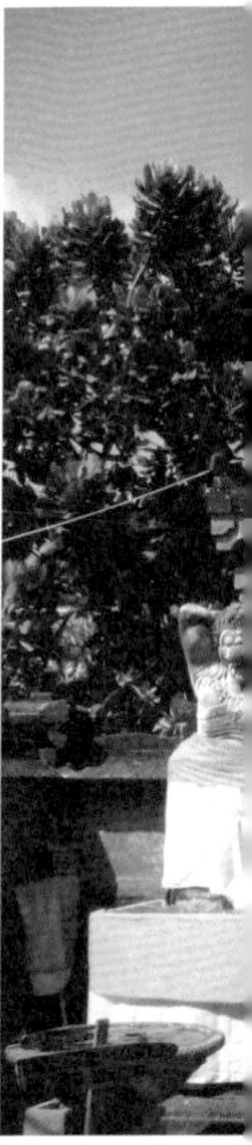

神廟中有甘純的淡水自海中湧出，當地人稱為神水；聖泉寺（Pura Tirtha Emmpul）一千多年來，被峇里島人認為和一旁的聖泉一樣庇佑人們的健康與財富，並供作沐浴、治病，頗具療效，因此這裡經常舉行淨身儀式，美麗的傳說平添海神廟神祕色彩。

這裡同時也是峇里島人尊奉為印度教聖地的所在，漲潮的海水雖然會淹沒整座岩石小山，卻永遠淹不到這座廟，有如漂浮在海上面的海神廟，退潮時，遊客可以從遊覽區步行到神廟區賞景或進到山洞自由捐獻接受祭司的祈福。

塔那羅海神廟

據稱，十六世紀時，一位印度高僧行經此地，深受當地懾人心魄的景致感動，因此落腳建立了這座奉祀海洋守護神的海神廟，以做為保佑峇里島居民世世代代平安之用。海神廟肇建之初，某天忽逢巨浪，廟宇岌岌可危，印度高僧隨即解下身上腰帶拋入海中，腰帶剎時化為兩條海蛇，與海纏鬥多時，最後海蛇終於鎮住風浪，此後，海蛇便成為海神廟的守護神。

又有一說，據傳，海神廟巨岩下方與對岸岩壁，有一小穴，穴中住有幾條毒蛇；據說，這幾條蛇守護海神廟好長一段時間，主要目的是為防止惡靈與其他閒雜人入侵，觀光客如果想要親睹穴中海蛇，須另付小費。

發自內心的崇敬心理，我涉過一灘淺水，走進海神廟下面的岩洞口，付了一張印尼盾面額一萬元的鈔票，讓等在洞口的祭司，用花和聖水自頭頂輕灑下來，祭司口中唸唸有詞，像是朗讀經文的為我祈福。

神的力量，從頭頂漫延到全身。這時，忽然想起印度聖哲沙迪亞．賽峇峇說的話，祂說：「你所談到的神靈並非居住在遙遠的地方，實在的，祂居住在人的內心深處；你所談到的罪惡並非存在於不可知的地方，實在的，它藏身在人的所作所為之中。」又說：「如果你覺悟到神在自己的心中，也覺悟到那位相同的神同時存在於眾生體內，那麼，你所獲得的寧靜和喜悅便無與倫比了。」

遠眺塔那羅海神廟

塔那羅海神廟

年輕的遊客在塔那羅海神廟前嬉戲

提到神，想到神，峇里島的眾神，最特別的為一獨特神和六大神，分別為：

梵天神（創造之神）：每個村落的中心之神，是為男神。

SARASUWATI（梵天神之妻）：主管智慧、沉思，藝術家崇拜的神祇。

昆濕奴神（維持生命之神）：男神，座騎為garuda，是隻大鷲。

SULY（昆濕奴神之妻）：稻田女神，為峇里島自創的神祇。

濕婆神（破壞與改革之神）：男神。

DURGA（濕婆神之妻）：主破壞和改革之神。擁有魔女的特質。

甘尼許神（GANESHA）：遊客常看到擁有象頭形的甘尼許神，是濕婆神的兒子，主智慧、財喜之神。

從海神廟受到祭司洗禮後，我散步走到對岸陸地崖邊上，那裡，不僅有小亭可以眺望日落景色，更能看見海神廟全景，是峇里島著名勝景之一。

　　而真正最吸引我的，正是做為海神廟背景的印度洋，舉目所見，湛藍的天空和整片汪洋大海連成一片，把令人看來快睜不開眼的寶藍色調，塗抹成一面明鏡，我站在海岬一角，心情整個放鬆起來，說不上是海風吹送過來使我開朗不已，還是這一片無邊無際的大海，照映到我眼裡、心裡，以致整個人活脫脫被印度洋晶亮明燦的海色俘虜。

　　初次相逢的印度洋，在夏末秋初，峇里島的陽光下，顯得沉靜無比。

小品紀事

海神廟（Tanah Lot）建築在印度洋邊的一塊巨岩上，是峇里島最重要的海岸廟宇之一，漲潮時，海神廟四周被海水環繞，與陸地完全隔離；退潮時，陸地相連。海神廟建於十六世紀，為一祭祀海神的大廟宇。

海神廟對岸陸地崖邊，築有一座小亭，可以眺望日落印度洋的景色，風光旖旎，為峇里島一大勝景，廟宇前的步道兩側座落多家商店，販賣各樣紀念品。

峇里島的歷史現象

小婆羅浮圖軍事博物館

我對印尼的歷史認識多少？對於峇里島的史實又知道多少？對一個單純的旅人來說，我到底又能從旅途中的所見所聞或是導遊的口述歷史，領略多少關於峇里島的文化和歷史沿革？說沿革未免過於沉重，不過，歷史的確可以照見人類的貪婪、自以為聰明的愚昧，以及無法以平等心看待不同種族發展的傲慢與偏見。

驅逐與毀滅，遂而成為人類歷史發展過程中最為殘酷的掠奪手段。

不是世界動盪不安，是人類不安於室的藉由武力和暴力行毀滅之實，不論人類身在何處，只要不同的意見和心聲發出，毀滅的意念立刻應聲而至，毀滅不同的看法、毀滅敵對情勢、毀滅不願見到的意識、毀滅不一樣的思潮立場；人類不容許不一樣並存，更不允許敵對的一方存在；人類的嘴裡高喊千萬遍和平，也咬著和平二字說了千萬年，卻又同時極盡所能的做不和平的事。歷史學者認為毀滅是人性本能，一種始於人類貪婪的本性使然。

荷蘭海軍企圖掠奪峇里島，就是一種因貪婪而引發的毀滅行為，毀滅峇里島

坐落於首府的小婆羅浮圖軍事博物館

人、毀滅峇里島文化，然後再將峇里島據為己有；這就好比荷蘭人侵略台灣一樣，因為貪圖這塊福爾摩沙，繼而以武力進犯台灣。

毀滅一如惡魔般的深植在人心內部，稍一不慎即可能引火燎原。

曾經差些被荷蘭軍毀滅的峇里島，猶似享受戰後上天的恩寵，以原始和自然合成一幅天地盛景的土地之美、文化之美，受到世人注目。

從峇里島西南岸的海神廟，來到座落於首府的小婆羅浮圖軍事博物館，我像是為了窺見這座曾遭受毀滅命運的島嶼，如何從戰爭中攀爬起來的事蹟，而感到誠惶誠恐。

午後的登巴剎，陽光如火球般炙熱的燃燒大地，我頭頂著峇里島的草帽，隨車來到小婆羅浮圖軍事博物館。

近身看到這一座建築黝黑的博物館，在整座博物館園區裡特別能彰顯出彷如佛塔的莊嚴模樣，我帶著朝聖心情順著石階緩緩走到館裡面。

小婆羅浮圖軍事博物館的印尼建築風格

位於峇里島首府登巴剎（Denpasar）的小婆羅浮圖軍事博物館的建築目的，是為了紀念峇里島居民對抗來犯的荷蘭海軍的英勇事蹟；博物館幾經多次戰爭，直到1949年，在國際政治壓力下，荷蘭同意印尼獨立，並且，峇里島從此正式劃入印尼版圖，獨立後所建造的。

這座軍事博物館係依照世界七大奇觀之一的佛教遺跡「婆羅浮圖佛塔」的小型模擬佛塔而建造的紀念館。2001年完工，直到2003年才開幕啟用，整座浮圖園區採用印尼特有的佛塔式建築，建築外觀雄偉，儼然一派莊嚴肅穆景象。

進到館內可參觀到「立體逼真和縮小模型」的小型「峇里島歷史場景」三十三座，不論是當年峇里島居民與荷蘭軍隊搏鬥，或者是民族英雄帶領島民與日軍作戰的現場模擬，其立體模型中的人物神態或森林、煙火製作逼真，都令人嘆為觀止。

博物館的一樓闢設為藝術展覽室，可以欣賞到當地藝術家的民族藝品，二樓是峇里島歷史展覽室，以三十三座故事模型，敘述和說明峇里島的歷史淵源與重大事件，沿著旋轉樓梯到三樓，則可以利用觀景台鳥瞰峇里島市街景觀。

我帶著悠然心情從一樓登上二樓的歷史展覽廳，微暗的室燈，從展示峇里島起源的立體模型，逐一進入到戰爭來臨的驚恐畫像；每一幅經由專家繪圖與巧手精製的模擬造型，彷彿純樸的島民就在眼前、戰火就在身旁燃燒，殺戮的血腥味不斷飄散過來，就連那看來極逼真的模型船也直衝而來。

印尼戰爭和我有甚麼關係？荷蘭軍進犯峇里島又跟我

小婆羅浮圖軍事博物館的英雄護國油畫

有甚麼關聯？我所能預想到的是，任何戰爭所希冀的，無非就是得到爭戰後的勝利，一種霸權和領袖式的英雄主義作祟的虛無快慰，即使戰爭勝利了又如何呢？「幻象的魔力絲毫傷害不了滿懷愛心的人，它只能給欠缺愛心的人製造麻煩。」而戰爭，從來就不是愛心的結果，也沒有愛心存在；即使能從戰爭中得到紅寶石或遼闊的土地資源，這些幻象物質也跟愛心沒有任何一點關係。

站在博物館三樓觀景台上，靜心瀏覽鳥瞰這座曾經陷在烽火中的美麗島嶼，如今風吹清涼，我在黝黑的建築物裡看到眼前鋪展開來的平疇田園，如畫軸般一路綿延過去。

小品紀事

自有人類以來，戰事便不斷發生，為權力、權益、土地、生存或純粹的掠奪、好大喜功，戰爭是一種最無情的屠殺手段，戰爭是人類喜歡侵犯他人的動機戲碼，時刻上演；戰爭所締造的歷史是一面明鏡這一個足以使心潮起伏的教訓，並未使擅用暴力和武力解決問題的人們徹底甦醒過來，不斷擴張軍事戰備和新式武器，讓人類一直活在可能被消滅或可能被侵略的陰影之下，歷史，充其量不過只是一本記事書、一段故事而已。

經過戰爭侵襲後的峇里島，如今固然恢復成一片淨土好景，可是那令人感到恐懼的戰爭影像，依然用記錄的方式，被保存在一幢叫做軍事博物館的神聖屋子裡，那是歷史嗎？其實正是一段使人不忍回首的往事。歷史是錯誤的，歷史是由慘烈編織而成的，這種錯誤的歷史，尤其易於發生在擁有古老文明歷史的國家。為甚麼所有國家的歷史都明載著你爭我奪的悲愴史詩，卻不是用快樂寫成的呢？

一杯醇香的咖啡

金兔咖啡製造廠

喜歡品飲咖啡的人都知道，咖啡豆原產於東非阿比西尼亞的常綠灌木叢林間，依據植物分類學的區分是屬於木犀目、茜草科的咖啡樹屬。主要集中在美洲、非洲、亞洲熱帶、亞熱帶的大陸或島嶼之中，海拔300～400公尺、年平均降雨量1500mm～2000mm，年均溫20℃，而且不下霜的咖啡園區。

印尼即是這一條沿著赤道為中心的咖啡生長帶最大的咖啡產地之一，其中，蘇門答臘出產的曼特寧最富盛名；曼特寧咖啡的生產

峇里島咖啡工廠

地在蘇門答臘島北部的北蘇門答臘州，其獨特的香濃口感，苦中帶甘，甘中微酸的口味，品質被認定是世界第一。由於阿拉比卡種在印尼的咖啡生產量裡僅佔10％，其中曼特寧的產量更少，因此價格高昂，十分珍貴。

另外，爪哇所生產的爪哇咖啡豆，又稱為WIB，狀呈圓形的豆子，是羅布斯塔品種中的最高級品，煎培後的苦味是它主要的味道，香味清淡，感覺不到酸味，混成器咖啡或即溶式咖啡最常使用。

而在峇里島，則以金兔咖啡最富盛名，峇里島的咖啡樹所生產的咖啡豆，公豆僅佔一棵樹的5％，母豆則佔了95％；金兔咖啡所使用的奶精，因為添加椰奶，口感更加香醇。

到峇里島旅遊，參觀金兔咖啡的工廠，通常會被安排在旅遊行程之中，在咖啡工廠裡，主事者不但講解如何分辨公豆和母豆、咖啡的烘焙、製作、包裝，還讓遊客現場品嚐添加了椰奶的醇香黃金咖啡。

這時候，我的確產生了一種喝咖啡的喜樂自覺，那是從罹患大腸急躁症，醫生囑咐不得再接觸任何具有咖啡因的飲品後，我狠下幾年來堅守禁令的規範，在吹飄海風的峇里島上，等待咖啡香難以抗拒的誘惑。

就這麼一杯如何？

以一個到熱帶雨林旅行的人來說，這種破戒的意識，這種對於濃郁咖啡香的憧憬，與切合實際的意志相背離，我竟異想天開的一下子把那一杯帶著甘味的苦澀咖啡，一飲而盡，彷彿有了咖啡，整個世界都任由我支配似地。

許久未曾讓饑渴的唇舌碰觸咖啡，如同過去我無能也無力搭乘超過四個小時飛機的長途遠行那樣，我從被禁忌的咖啡香裡掙脫出心理障礙，到必須飛行五個小時航程的峇里島上，伴隨雞蛋花濃烈的芬芳味道，飄逸出一段有咖啡滋潤，企及抒情美的海島之旅。

峇里島咖啡

參觀咖啡的烘焙與製作

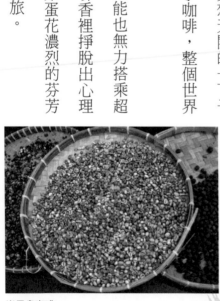

小品紀事

印尼最有名且深受各國遊客喜歡的是黃金咖啡，這種咖啡生長於海拔一千二百公尺處，顏色呈金黃色，香味濃郁、咖啡因低，因而成名；到咖啡生產商家參觀咖啡製造過程，從咖啡樹、咖啡豆、去殼、晒乾、烘焙、包裝的處理製造過程，商家會教大家咖啡正確的沖泡方式及冰咖啡、熱咖啡的不同做法，現場也可品嚐到不同品種的各類咖啡。

取自原生植物的芳療劑

峇里島香味四溢的精油

精油是一種芳香物質，主要從植物中的花、葉、根、枝幹、樹皮、樹脂、果皮、果實、種子等部分萃取出來的芳香分子，經由不同萃取方式提煉出各類具高度芳香性及揮發性的液狀物質，它是由各種不同的天然化學物質所構成，為香水、調味料、化妝品等工業的重要產品，以及芳香療法的主要原料，成分對人體和心靈可發揮優異的作用，素有鎮定與改善情緒的特殊效果。

專家指出，花瓣中的精油，可吸引對人身有益的昆蟲靠近，同時也能避免對人身有害的昆蟲接近，所以人們利用精油的這項特質，驅逐害蟲以及保健身體。

做為精油的植物必須是具有療效的藥用植物，並非每一種植物都可以拿來萃取成為精油，其中又以提煉做為芳療使用的精油最為嚴謹，這些植物必須是有機植物，化學成分的比例更必須合乎標準值，才能歸類為芳療精油；有些植物雖然香味四溢，若不符合標準值，充其量也只能算是芳香植物，並不屬於芳療植物。

屬於峇里島芳療精油的植物萃取物，大都取自當地原生植物，如赤素馨花、生薑、檀香木、椰子以及峇里島咖啡豆。

峇里島的休閒按摩，即採用這類精油做為推拿、芳療的原料，包括腳底按摩、瑞典式按摩、傳統峇里島式芳香療法。透過芳療和藥草理療所產生的好處十分神妙，這些方法不僅可以減輕心理及肌肉壓力，還可治療關節疼痛，對皮質的解毒與代謝大有助益。

峇里島盛產精油，街市有不少專賣店，實際上看起來，精油和我毫不相關，我所能面對的現實問題是，當導遊小P帶我走進一家具盛名的精油專賣店時，總覺得不知從哪兒傳來芳香味，讓我感到十分熟悉，這種使人一時神清氣爽起來的味道，似乎隱藏著某種知性的感覺，引領我仰頸四處搜尋。

是啊，就是那種聞起來如花一般清香的味道，瞬間，我感到自己的嗅覺靈敏起來，幽香四溢的精油味，把我的焦躁和煩悶都寧謐化了，我存在的空間，忽而薰衣草，忽而檀木

精油及其相關產品

香，隱約浮現出好似森林般清華氣氛的悠然氣味。

這個下午，我在店裡買了幾罐花草精油，幾盒無煙蠟燭，以及兩雙細藤編製的拖鞋。

小品紀事

峇里島使用花瓣提煉精油做SPA的歷史，必須追溯到十三世紀，由於爪哇的MAJA PAHITJ王朝和宋朝有貿易交流，學到不少美容保養之方，便以當地盛產的香料和鮮花做為美容材料，使宮廷興起一股美容風。這種保養祕方，直到十七世紀傳到峇里島後，當地人便開始使用精油做為按摩材料，消除疲勞、紓解壓力、提振精神；精油成分包含檀香、玫瑰、甜桔、檀木、薰衣草、迷迭、薄荷和檸檬等。

座落在海灘的百貨公司

海岸KUTA購物街

這一條洋人街，就座落在印度洋海岸一隅，緊鄰著海灘，離峇里島機場約莫十來分鐘車程，是整座峇里島最熱鬧的區域，琳瑯滿目的各色商店，代表印尼傳統風格的手工藝品，或是峇里島小吃美食，全集中在這裡。

許多遊客聚集在星巴克戶外飲食區，手

庫塔是峇里島最繁華的商業中心

中握著一杯香醇美味的咖啡，靜靜觀看眼前車水馬龍的車來車往，享受片刻閒坐的悠然時光。

洋人街上有一幢高大平房建築的SOGO百貨公司，正對著熱鬧的大街。

這一幢座落在海灘的百貨公司，簡明而具雅致意味的造型，使人心中愜意得興起一股溫馨的快活感動，這種清幽的溫馨和台北任何百貨公司的豪華、亮麗大不相同，它有如繁華街市裡忽然生成出來一塊供旅人靜心散步的遮蔭地。

當從位於洋人街聚集最多人潮的前門走進時，乍一碰面，跟台北許多大賣場沒兩樣，再進一步往前走到後門口，突然眼界大開，海闊天空的水色袒露眼前，令人為這豁然開展的視野感到驚異不已。

這寬大的後門出口處，即是鋪陳廣大沙灘的印度洋。我步下出口處的石階，一個人輕步慢行走到沙灘時，夕陽正悄悄搭起金黃色布簾；無論我怎麼走，海風總是緊緊跟隨，落日餘暉不斷從海平面變換各種不同樣貌，使得整個遼闊的印度洋海域形成一塊藝術家手中的畫布，渲染令人目不暇給的斑斕色彩。

這是生平第一次如此近身接觸到地理課本上記載的印度洋。

位於亞洲、非洲、大洋洲和南極洲之間，西南以通過南非厄加勒斯特的經線，和大西洋分界；東南以通過塔斯馬尼亞島東南角，至南極大陸的經線與太平洋聯結的印度洋，面積7491萬平方公里。約佔世界海洋總面積21.1%的印度洋，是世界第三大洋。平均深度為3897

庫塔海灘的音樂晚會

庫塔SOGO百貨公司銜接印度洋海灘

公尺，最大深度為蒂阿曼蒂那海溝（Diamantina Trench），達8,047公尺。

這時，我就站在溝通亞洲、非洲、歐洲和大洋洲交通要道的印度洋海域，凝望一汪藍色的海水，閃爍粼粼波光。

海灘搭起幾座茅草編造的四角涼亭，喝咖啡、看海色連天，別有一番雅趣，遠方吹來的海風似乎永遠不受拘束的在海灘上流連不去，難得和印度洋見面，不知為何，心底產生一種前所未有的愉悅感；從前，我是一個懼怕海洋的人，也害怕我懼怕海洋的心事被別人知道，恐怕會笑我是個懦夫。

庫塔洋人街購物區

嗯，這個懦夫現在竟然不可思議的跑到峇里島接觸印度洋，就在印度洋的海岸線上，赤腳走在海灘，看夕陽從印度洋緩緩落下。

一隻海鳥輕輕掠過頭頂，發出一陣低低的長鳴聲。

微風又來，綿綿細細、輕輕柔柔。

要不要點一杯峇里島咖啡，悠閒自得的坐到茅草涼亭下看海，或者看一對又一對甜蜜的愛人漫步沙灘，編織訴說不盡的綿綿情話？要不要乘著清涼微風，探頭跟翱翔在海岸的群鳥對話？要不要剪一輪印度洋上的落日，貼進記憶深處，也好日後細細品味？

要不要把那充滿真摯光輝的溫馨景致帶入夢中？

這時我感到自己就像是靜立在海灘上的一根浮木，不知如何面對衝擊美感意識的澎湃心理，放任海水自由飄盪。

有不少工人在海灘搭起音樂晚會的舞台支架，這一夜，會是誰在海風中揚起令人興奮的嘹亮歌聲呢？

夜燈開始亮了起來，導遊就要帶領我到洋人街上乘坐馬車了，夜晚的洋人街燈火稀疏，幾匹駐足在路邊的小馬，以悄然之姿等候遊客光臨。

坐上馬車，悠緩的遊走在洋人街上，從燈火明亮的大街直到民宅小巷，這一路所見，寧靜到不行的街市景觀，我完全瞭解到為甚麼峇里島會是觀光客口中悠靜靜的旅遊勝地。

望著茫茫黑夜，夜色正逐漸濃烈起來，我看著這黑黝黝的夜幕，心裡卻想著印度洋邊，那一對在沙灘上散步的洋夫婦，寫實般生動的款款情意。

嗯，是輕柔的微風感覺。

庫塔洋人街的馬車在大道奔馳

在庫塔海灘散步的情侶

小品紀事

庫塔（KUTA）是峇里島主要購物區及繁華的商業中心，由一條被稱為洋人街及兩旁的商店所構成，多家知名品牌的商店整齊排列在街道兩旁，Polo、Versace、D&G、肯德基、麥當勞、星巴克以及SOGO百貨公司等。每一家商店的櫥窗裡，擺滿各式各樣的精品服裝、珠寶首飾、國際知名品牌化妝品、食品等，價格便宜，讓遊客有如置身天堂，樂此不疲地穿梭在大小商店之間。

峇里島美食

海邊庭園燭光晚餐

在一叢叢幽暗的樹影下，聚集一團又一團的五彩光影，那晃動不已的光影和出入閒散的人影交疊著這一座戶外餐廳，顯得極其優雅浪漫；坐在泳池畔的座位享用燭光晚餐，竟有一種把世界隔絕在外，徒留月光從樹梢間循隙滲進的寫意光景。

泳池畔的樹叢下，伴隨印尼女歌者嘹亮清明的歌聲用餐，我看見她的氣色彷如收納了整個世界那樣熱情，尤其，當月光毫不避諱的流瀉在她的前額、面頰和閃爍不已的眼珠上，就像是經過月色洗滌一樣，她的表情竟迸發出一種無比頽廢的陶醉模樣。

女歌者吟唱使人心神安寧的爵士曲，歌聲慢板的遊蕩在庭園四周。

我的旅程忽然在那兒中斷，餐盤裡配有水果的椰子飯，不時隨之舞動起來。

歌聲遊走四方，這時，我看見盛滿各式峇里島特有美食的方桌，烤乳豬、窯烤鴨、切薄的木瓜片、波羅蜜、青豆、椰子粉、楊桃葉，加上花生醬的牛肉和雞肉串，參有雞肉、蔬菜、豬肉、牛肉的什錦炒飯，配上脆蝦片和煎蛋的什錦炒麵，以及滲入香料的水果沙拉，都像是妝點著音符一般的翩翩起舞，就連方桌上那些寫著菜單的英文字Babi Guling、Bebek Betutu、Lawar、Sate、Nasi Goreng、Mie

伴隨印尼女歌者嘹亮清明的歌聲用餐

峇里島的海邊庭園餐廳

Goreng、Ayam Goreng/Bakar、Cap Cay、Gado-Gado、Gado-Gado、Rujak、Padang Food等都隨樂聲起伏，使我看花了眼。

聽聞悠然似水的低沉歌聲，我緩慢的吃著晚宴，竟不自覺的感到快活起來，那是到峇里島旅行，充滿無憂無慮的美食饗宴，使人驚詫難醒。

坐落在庭園泳池畔的用餐區極富浪漫情調

小品紀事

峇里島的慵懶之旅，我變糊塗了，竟然連這一家戶外庭園的餐廳名稱都忘了，是真的忘了，還是我刻意不讓旅行中的一些專有名詞，留在腦海過久？忘了就忘了，偏巧記憶中尚且留下那位印尼女歌手站在泳池畔演唱的藍調曲子，就像當夜的月光，也悄靜無聲的隱藏在幾棵高大椰子樹梢上，和我以及現場的賓客，一起聆聽她舒緩到連心情都快被溶化了一般的慢板歌曲；一首「離家五百里」她竟能以低沉的嗓音，唱到我差些落下淚來。有歌聲的夜晚，在戶外庭園用餐的燭光夜宴，撩撥起我身處異國他鄉的某一種浪跡天涯的小小惆悵。

峇里島巴隆舞
巴隆與蘭達的善惡舞劇

峇里島旅行，不免會到戶外搭起表演台的劇場觀賞傳統舞劇。峇里島著名的傳統舞劇大致為：雷貢舞、凱克舞和巴隆舞等。

雷貢克拉頓（Legong Kraton）簡稱為雷貢舞，是峇里島舞蹈中最廣為人知的一種，起源於十九世紀，是將傳統的宮廷舞蹈劇加上宗教儀式舞蹈的要素融合而成，昔日僅在宮殿中表演。相傳這齣舞劇為來自天堂的仙女之舞，三名十歲左右的稚

峇里島著名傳統舞劇的樂師群

齡女童，藉著轉換角色的方式和高度精確的技巧，跳出歷史故事中，國王因奪走鄰邦公主引發戰爭而喪命的情節，服裝炫目華麗，優雅的舞姿抽象艱深，令觀眾為之著迷。

凱克舞（Kecak）是黃昏的敬神之舞，晚間七點半開演。這齣舞劇約在1930年代由Bona村落發展出來，全劇取材自印度史詩《羅摩耶那》故事，描述Rama王子得到猴子軍隊的幫助，企圖從邪惡之王Rawana手中奪回愛妻的故事。當猴神哈笈曼（Hanuman）出現時，周圍的人也隨即化身為猴群，吱吱亂叫，所以又稱「猴舞」。全劇進行時完全沒有樂器伴奏，唯

峇里島著名的傳統舞劇巴隆舞

巴隆舞布景簡明扼要

巴隆舞主角代表仁慈善良的古代聖獸巴隆

巴隆舞華麗的服飾

一的聲音是由赤裸上半身，約100名的男舞者，以合唱方式，有節奏的發出「恰恰」的原始歌聲。演出約一小時。

巴隆舞（Barong）是早晨的敬神之舞，最能闡明峇里島宗教信仰中，善惡對抗永無休止的舞劇。故事傳述神秘的森林之王，代表仁慈善良的古代聖獸巴隆（Barong Keket）和象徵妖法高深，且到處行兇作惡的巫婆蘭達（Rangda）鬥法激戰，村民趕來幫忙屈居下風的巴隆，卻遭巫婆下咒而以彎劍（kris）自殘；巴隆施展法力解除村民的魔咒，卻留下一個無分勝負、沒有結果的結局。原本是消除惡魔的祭祀舞蹈，後來卻蛻變成為善與惡、光與影的舞劇。早上八點半開演，演出時間約一小時。劇中除了優美的雙人舞蹈，也穿插丑角詼諧的表演，加上武場的演出，無論服裝、身段、角色扮演、配樂以及劇情發展，都可以輕易地超越語言隔閡，而成為老少咸宜的舞劇。

小品紀事

巴隆舞劇的劇情：

巴隆與猴子在森林裡兜風，巧遇三名戴著假面具，在深山私釀棕櫚酒的村民。傳說山中老虎曾經吃掉村民的孩子，這三個人便意氣用事的攻打巴隆，盲目地要為死去的兒子報仇。這場因誤解而混戰的鬥毆，其中一名村民的鼻子被拔刀相助的猴子咬斷。

第一幕：兩個舞孃翩翩起舞，這兩名女子都是惡魔蘭達的爪牙。舞孃的出現當然不懷好意，她們窺探到正前往謁見首相古恩蒂聖后的親信。

第二幕：古恩蒂的親信臨駕，蘭達的幫兇馬上搖身變成魔鬼，甚至於還把邪惡的意念注入聖后諸親信體內，使他們的性情因而變成疾言厲色，無法自制。雙方同時前往朝見首相，之後一起拜見古恩蒂聖后，不過，親信已失去原來善良的心意。

第三幕：古恩蒂聖后和其子沙替哇隨之出現，雖然古恩蒂已經答應將沙替哇獻祭蘭達，實際上古恩蒂聖后是多麼捨不得將兒子的生命白白送給蘭達，可是魔鬼到底已經控制了她的個性，古恩蒂聖后突然大發雷霆，硬把自己的兒子交給手下宰相，放逐到森林裡。禍不單行，這一位首相也免不了受到魔鬼的兇焰支配，滅絕人性，不但把沙替哇拖到深山，還把他綁在蘭達的宮殿前面，等候命運的擺佈。

第四幕：西哇神下凡搭救，且賜予沙替哇永生，使得蘭達想把沙替哇殺個片甲不留的計畫告吹，因為西哇神已經賜給沙替哇刀槍不入的軀殼，這使得局勢有了極大的轉變；沙替哇漸入佳境後，蘭達不但甘敗下風，而且還百般請求赦免一死，方便自己登天，他這要求最後得到沙替哇的恩准，如願以償的升天。

第五幕：卡里卡是和蘭達一樣朋比為奸的惡魔，他也要求沙替哇為他保全生命，可是卻被沙替哇斷然拒絕，結果招致雙方決鬥，卡里卡施法變成野豬，沙替哇和野豬交鋒，後來得勝，卡里卡眼看情勢不妙，只好推出新招化作怪鳥，照樣無法戰勝；隨後，卡里卡由怪鳥再變回蘭達，才因武藝高強，使得沙替哇沒辦法絞殺他。不久，沙替哇又把自己化成巴隆，由於雙方的武功實力旗鼓相當，就這樣保留住善良和邪惡之間，永無休止的爭鬥局面。最後，不少巴隆的信徒，各持寶劍準備替巴隆打抱不平，但都箝制不了橫行霸道的蘭達，蘭達還施法使這些信徒舉劍自戕，後來幸有和尚以仙水點灑，方得甦醒過來。有道是：道高一尺，魔高一丈。

峇里島土產店

台灣姑娘顧店哲學

到峇里島體驗藍天如夢，海風吹不醒陶然自得的心情，這時，我可以義無反顧的把台北遺棄，把所有欠缺自然法則的思維拋進印度洋，讓不被現實打擾的靈魂還歸自我；這樣說，無非就是藉由抒情的海風，允許我在輕鬆的肉身裡化身緘默，也許為時短暫，可那撩人無所事事的簡單愉悅，總會適時出現在藍天和海風之間，出現在不思不想和我之間，使我毋需刻意從旅行中捕捉旅途的任何昂奮。

到峇里島旅行屬於哪一種樣貌？或許只為期待某種沉靜吧！而這種沉靜

又恰恰存在於峇里島的許多角落，無論如何，不管從哪一個方向吹來的風，都讓人感到心曠神怡，我在這輕柔如醉的海風中，領悟到簡單即是美的道理。

就像來到這一間土產店，眼見所有販售的當地土產，不論布巾、皮件、圖畫、木雕、咖哩粉、蝦醬、土豆、蝦餅，無一不被簡單化，來自台灣的店長姑娘，清楚的說明了這種簡單的販賣哲學，如同過去台灣舊式的雜貨店一般，沒有光鮮亮麗的店面和寬敞的購物廣場，僅有親切的笑容，那堆積在臉上的笑容，看來像是從未被僵硬的商業化所吞噬，也無能陷落到毫無意義的冷漠和使人嫌惡的推銷伎倆之中。

我喜歡這種簡單而自在的購物方式，是的，來到

台灣姑娘主持峇里島土產店

峇里島，我一直沉湎在簡單的想法和行動裡，好像整個人被牽引到可以放空的天地間，一點都不想甦醒過來，有時甚至緊扒著這種感覺不放，我便以近乎深入到心底看見內心那樣的對自己說：我甘願沉醉。

以旅行來說，這種簡單雖然來遲，我卻清楚看到美的奧義在其間發酵。來自台灣的旅人和來自台灣的店長姑娘在土產店巧遇，我看她介紹峇里島特產的話語乾淨俐落，層次分明，好似上了一堂簡明扼要又有重點的峇里島農業和人文歷史。

在一屋子簡單而明確的土產陳設走道慢步，我看土產店的台灣姑娘以樸實之姿與客人殷切懇談，她清亮的聲音，帶點低沉的慵懶況味，同樣是峇里島人的調性，一眼即能望穿她清明、好親近的個性。

台灣姑娘主持的峇里島土產店，多了一份笑容滿面的好味。

小品紀事

我仍記得這個台灣姑娘告訴我說，她是因為喜歡峇里島的不慌不忙、悠然自得的生活習性，所以才放棄原本在台灣擔任模特兒的高所得工作，隻身去到那個可以自在慵懶的遙遠他鄉，過著慢活的日子；是這樣的嗎？換作是我，會不會也學她一樣選擇順從自己的意願，去到一個看似單調卻充滿簡明哲學的地方生活？要怎麼活？如何過日子？我只能用一種欽羨的心情以對。看她的笑容，不正說明她的確真的喜歡峇里島，並且完全依照意願去履行了嗎！

青春導遊彭克洛

他在耳翼上別了一朵粉白的雞蛋花

作夢也沒想到，竟然會來到遠在東南亞邊陲的峇里島，完成一趟尋找燦明天空的小品之旅，這和過去喜歡到日本做歷史與文學之旅大不相同；事實上，我既怕曝曬陽光，又厭煩搭乘晃動不已的遊艇。

也許接觸陽光和搭乘遊艇是來到峇里島必須經歷的過程，我可以默然接受，也可以全然拒絕，甚至，整天不思不想的躲進象徵獨居的Villa游泳，或者甚麼事也不去做的呆坐在藤椅上，讓思緒海闊天空的四處遊走。

後來，我選擇讓潛藏在心底的恐懼感，隨遊艇的快速行駛，擲海解放。

尤其，當從外海的蘭夢島回到峇里島之後，我對陽光和遊艇的印象已然逐漸明朗起來，就好像在出發前往蘭夢島的遊艇上，看見那個身材標緻，生就一臉稚嫩的年輕導遊，刻意袒露上半身，坐到洋人聚集的甲板區，接受陽光洗禮，虔誠的奉獻他那一身青春肉體，給炙熱的陽光當畫布，任隨渲染成古銅色的胴體那樣，解放肉體的枷鎖。

遊艇甲板上空曠而炙熱的狀態中，他憑藉一張充滿靦腆的笑容，把陽光照耀在他身上，層疊的金箔色彩，典藏為亮麗光澤，這些徐徐展現在眾人眼前，光華燦爛的色彩，竟是令人生嫉的青春本色。

這或許只是一場讓纖巧的肌膚和陽光相互交融的遊戲，我卻無法規避讓這些象徵色衰或青春的肉體解放，不斷裸裎眼底。

他在耳翼上別了一朵粉白的雞蛋花

就在甲板上，我因為一時被船身快速晃動所帶來的恐懼而躲進船艙裡，印證我的意志缺乏男人最重要的冒險元素，索性躺臥在座椅上打算睡它一覺，就此將那個要命的恐懼感擲棄海裡。這時，耳際卻聽聞到從甲板上傳來遊客伴隨音樂起舞的喧鬧聲，神智瞬間轉明，竟想起初到峇里島機場的紛亂場景。

單手舉著「○○旅行社○○先生」紙牌的年輕導遊，從接客群眾中迎面而來，長相俊俏的年輕導遊在人群中顯得十分亮眼，他在極度明快的眼力下，迅速找到他的客戶，對初到峇里島旅遊的我來說，能夠在很快的時間裡消除掉窘困或慌張，自是一種穩定人心的作用；本名叫彭克洛，別名叫小P的年輕導遊，即刻在我踏出機場的那一剎那，引我走到機場候車站，接受守候在那裡的峇里島女郎套上雞蛋花環，表示迎賓。

出生馬來西亞的彭克洛，操著一口流利、時髦的土腔華語，曾經在台灣和中國待過一段時間，最後選擇來到峇里島擔任導遊工作。初見面的小P給人的觀感十分活躍，說起話來慢條斯理，像是毫無隔閡的使人感到親切，不似油條式的老導遊，總給人油腔滑嘴的不良印象。當他介紹起峇里島旅遊風光的種種注意事項時，正意味著這個年輕人把擔任一個盡職的導遊必須謹守的規律，延伸到使人感覺心情愉悅的地步；峇里島這三個字從他嘴中脫口而出，就好像所有令人興奮的旅遊活動，全都傾巢而出，在他年輕的俊貌底層，彷彿潛藏著一股無盡的魅力源泉，那種充滿活力的青春，在他執行旅遊秩序的舉止中，具有深刻的調和效用。

喜歡到海邊衝浪的彭克洛，統攝著我和同行的葉先生近一星期行程的各項事宜，換言之，初到陌生境域的峇里島，一切行動都必須依循在他的程序裡面，看似雜亂的程序，卻代表這一趟旅程能不能愉快完成的基因；程序雖然八股，賞遊峇里島美景的行程並未因此中斷或減少。

經常出外旅遊，所見導遊不少，但對小P這種年輕的導遊來說，我在他身上看到青春年華少見的含蓄之美，說是靦腆，他自有活潑的另一面，一如蕩漾的水波卻清澈見底；說是謹守職業規律，他果真在擁有追求流行時尚的外表下，以青春或俊美，明朗或豪情所構成的媒介，鎮日依時辛勞的穿梭在遊客和遊客所求之間，善盡職責。

數天相處，不盡然對他的一切多所認識和瞭解，事實上，僅只五天的短暫停留，也無能從他的舉止中，見識到一個選擇峇里島做為他人生事業起點的青春少年，如何運用他的秩序魅力，逐一完成理想。

直到離開峇里島的那一個下午，當小P到機場送行，相隔出入境偌大面的落地玻璃窗，我清楚看見年輕的他，臉上披掛不捨的依依離情，不停的以手揮別示意，他瞇著小眼像是正要訴說甚麼的站在玻璃窗外，渾身茫然不自在。

他臉上經常張大的那朵熱情的青春花忽然不見了，峇里島只餘留芬芳沁鼻的雞蛋花，別在他的耳翼上。

小品紀事

峇里島的水風光、風輕飄、樹盎綠的景色，好似一篇優雅、恬淡、輕盈而意外好讀的小品文，峇里島之旅又好比小品文中、簡潔、順暢、清雅的白描文字，使人輕鬆無為的進入，依依難捨的離去。生平第一次接觸到讓一個年輕導遊面對兩個旅人的自由導覽方式，我見彭克洛的行事風格，在車來與車去的殷勤接待下，如見到峇里島陽光燦然的島嶼海洋，開闊中不免留駐一絲野性的靦腆與爽朗的溫柔，所交錯形成的微妙觀感。峇里島的微風之旅，時間雖然短暫，卻在我旅行異國他鄉的步履中，留下不少清明而深刻的印記，那一片未含雜質的蔚然晴空模樣，時常閃耀眼瞼、躍然紙上，油然興起一股甜美的回憶。

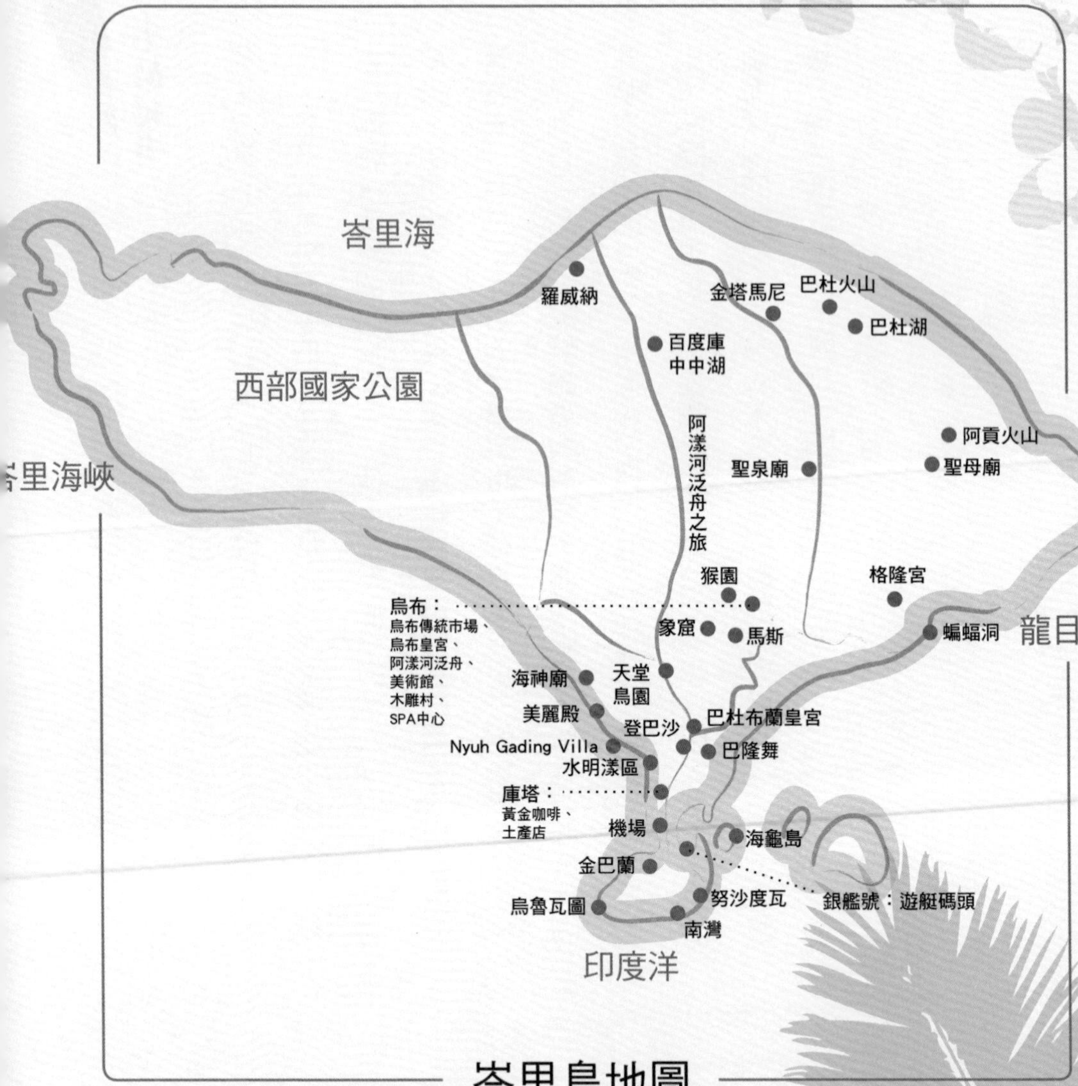
峇里海
峇里海峽
西部國家公園
羅威納
金塔馬尼
巴杜火山
巴杜湖
百度庫
中中湖
阿漾河泛舟之旅
聖泉廟
阿貢火山
聖母廟
猴園
格隆宮
烏布：
烏布傳統市場、
烏布皇宮、
阿漾河泛舟、
美術館、
木雕村、
SPA中心
象窟
馬斯
蝙蝠洞
龍目海峽
海神廟
天堂
鳥園
美麗殿
登巴沙
巴杜布蘭皇宮
Nyuh Gading Villa
巴隆舞
水明漾區
庫塔：
黃金咖啡、
土產店
機場
海龜島
金巴蘭
努沙度瓦
銀艦號：遊艇碼頭
烏魯瓦圖
南灣
印度洋

峇里島地圖

峇里島旅遊須知

飛行、簽證與小費

1、峇里島與台灣屬同一時區，沒有時差問題。

2、從桃園國際機場直達峇里島的伍拉．賴國際機場，飛行時間約5小時。

3、持台灣護照，可在機場落地簽證，簽證費用每人10美元（1~7天），若需停留8~30天，每人需25美元。

4、印尼錢幣稱盧比或印尼盾。出國前，先在台灣兌換美元，再到峇里島機場兌換印尼盾即可，目前匯率約為一元台幣可兌換約300印尼盾，也即一美元可兌換9000左右的印尼盾。不鼓勵在路邊小店換錢，風險較大，易有糾紛。

5、峇里島當地氣溫一年四季皆夏，溫度約在25度至32度之間，旅行時著夏季服裝，如：短褲、T恤、泳裝、防曬油、遮陽帽，另攜帶薄的長袖衣服防日曬或搭冷氣車時保暖。

6、峇里島是以觀光為主的國家，小費繁多，旅行期間付小費的時機大致在：行李小費5000盧比、房間打掃小費每日5000盧比、峇里島機場行李搬運一件5000盧比、司機和導遊的服務費一天新台幣200元。

7、峇里島當地的電壓為220伏特，攜帶充電用品或插電用品需確定為標示INPUT 100～240V者即可。

旅遊注意事項

1、行李分手提及托運，勿攜帶危險物品，如：小刀、指甲刀或裝有飲料的保特瓶上機，這些用品請放置托運行李內。貴重

物品如：護照、現金、旅行支票、手飾等放置到隨身手提行李內。

2、峇里島飯店房內不提供牙刷、牙膏與盥洗用具，請自行準備；房內皆供應有飲用水，但需注意何者為付費或免費，以避免紛爭。

3、出入寺廟不得穿著短褲或短裙，需在寺外租借沙龍及腰帶。

4、在祭祀慶典中拍照，不得站在跪拜祈禱的人群前，也不得以閃光燈拍攝祭司。

5、拍攝當地人最好先取得許可，一方面表示尊重，再則避免事後索費的爭議。

6、峇里島習俗與禁忌：勿任意觸摸孩童頭部。

7、峇里島習俗與禁忌：左手被視為不潔，因此與人接觸時盡可能使用右手。

8、峇里島習俗與禁忌：遇到廟前或住家門前地上置有祭祀的鮮花，請繞過而行。

9、峇里島生水不可生飲，不要飲用攤販的冰塊，海鮮請勿生食。

10、當地導遊介紹自費活動如：芳香按摩、古式按摩、PUB跳舞、水上活動等，可視情況參加；古式按摩每次一萬至二萬盧比，SPA或芳香療法每次一萬至二萬盧比。

11、泛舟時，每艘橡皮艇安排有一位會說簡單華語的指導人員隨船，指導人員隨身背有一個防水袋，遊客可將相機、貴重物品放置其中。泛舟時間約一小時左右，備一套換洗衣物於上岸後替換，泛舟小費每人約三萬元。

12、烏布市場、聖泉廟及海神廟周邊有數以百家販賣紀念品的商店，布包、衣服、藤品、木雕等，大部分東西沒標底價，多

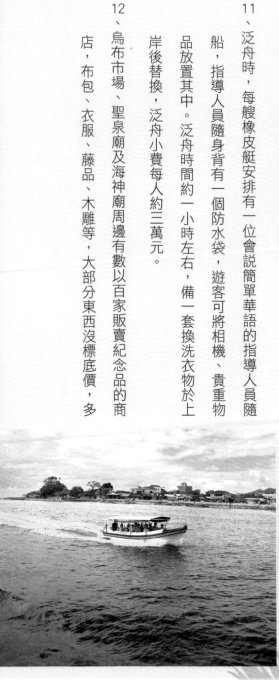

詢價再買。另外，木雕村、蠟染村及美術館等文化地點也販賣作品或成品，選購時一樣得先詢好價格，再殺價。

13、Villa為花園式住宿，蚊子較多，請留意。屋內的泳池不大，有些廁所是半露天形式，晚上入睡前，門窗務必上鎖以維安全。

14、庫塔為峇里島最主要的觀光城市，飯店、酒館、餐廳及商店林立，距離國際機場僅需十五分鐘車程，以白色沙灘、衝浪及迷人的落日風景見稱。街道上常見僅著短褲，赤裸上身的帥哥，海灘上偶而可見上空洋妞享受日光浴，喜愛海岸風情者，這裡是好去處。

15、多數觀光客喜歡選擇遠離喧囂，位於東岸的沙努爾及薔蒂達沙，或是位於北岸的蘿薇娜等地區住宿。位於南方半島上的努沙杜爾為五星級飯店聚集區，位於中部的烏布是公認峇里島藝術及文化中心，也是觀光客最喜造訪之地。

國家圖書館出版品預行編目(CIP)資料

一生一定要去的天下諸神度假勝地峇里島 / 陳銘磻著.
— 第一版. — 臺北市 : 樂果文化出版 :
紅螞蟻圖書發行, 2012.02
面 ; 公分. — (樂生活 ; 11)
ISBN 978-986-5983-01-7(平裝)

1.遊記 2.旅遊文學 3.印尼峇里島

739.629 101000850

樂生活 011

一生一定要去的天下諸神度假勝地峇里島

作　　者／陳銘磻
總 編 輯／何南輝
行銷企畫／張蘭詠
封面設計／鄭年亨
內頁設計／Chris's Office

出　　版／樂果文化事業有限公司
讀者服務專線／（02）2795-6555
劃撥帳號／50118837 號　樂果文化事業有限公司
印 刷 廠／卡樂彩色製版印刷有限公司
總 經 銷／紅螞蟻圖書有限公司
地　　址／台北市內湖區舊宗路二段121巷28・32號4樓
電話：（02）27953656
傳真：（02）27954100

2012年2月第一版　定價／260 元　ISBN：978-986-5983-01-7